1+X 职业技能鉴定考核指导手册

汽车配件销售员

五级

编审委员会

主　　任　仇朝东

委　　员　葛恒双　顾卫东　宋志宏　杨武星　孙兴旺
　　　　　刘汉成　张　伟

执行委员　孙兴旺　张鸿樑　李　晔　瞿伟洁　徐　彦

中国劳动社会保障出版社

图书在版编目(CIP)数据

汽车配件销售员：五级/上海市职业培训研究发展中心组织编写. —北京：中国劳动社会保障出版社，2009

1＋X 职业技能鉴定考核指导手册

ISBN 978-7-5045-7992-8

Ⅰ. 汽…　Ⅱ. 上…　Ⅲ. 汽车-配件-市场营销学-职业技能鉴定-自学参考资料　Ⅳ. F766

中国版本图书馆 CIP 数据核字(2009)第 118033 号

中国劳动社会保障出版社出版发行

（北京市惠新东街 1 号　邮政编码：100029）

出 版 人：张梦欣

*

新华书店经销

北京地质印刷厂印刷　三河市华东印刷装订厂装订

787 毫米×960 毫米　16 开本　8.5 印张　136 千字

2009 年 8 月第 1 版　　2009 年 8 月第 1 次印刷

定价：14.00 元

读者服务部电话：010－64929211

发行部电话：010－64927085

出版社网址：http://www.class.com.cn

前　　言

职业资格证书制度的推行，对广大劳动者系统地学习相关职业的知识和技能，提高就业能力、工作能力和职业转换能力有着重要的作用和意义，也为企业合理用工以及劳动者自主择业提供了依据。

随着我国科技进步、产业结构调整以及市场经济的不断发展，特别是加入世界贸易组织以后，各种新兴职业不断涌现，传统职业的知识和技术也愈来愈多地融进当代新知识、新技术、新工艺的内容。为适应新形势的发展，优化劳动力素质，上海市人力资源和社会保障局在提升职业标准、完善技能鉴定方面做了积极的探索和尝试，推出了1+X培训鉴定模式。1+X中的1代表国家职业标准，X是为适应上海市经济发展的需要，对职业标准进行的提升，包括了对职业的部分知识和技能要求进行的扩充和更新。上海市1+X的培训鉴定模式，得到了国家人力资源和社会保障部的肯定。

为配合上海市开展的1+X培训与鉴定考核的需要，使广大职业培训鉴定领域专家以及参加职业培训鉴定的考生对考核内容和具体考核要求有一个全面的了解，人力资源和社会保障部教材办公室、中国就业培训技术指导中心上海分中心、上海市职业培训研究发展中心联合组织有关方面的专家、技术人员共同编写了《1+X职业技能鉴定考核指导手册》。该手册由“理论知识复习题”“操作技能复习题”和“理论知识模拟试卷及操作技能模拟试卷”三大块内容组成，书中介绍了题库的命题依据、试卷结构和题型题量，同时从上海市1+X鉴定题库中抽取部分理论知识题、操作技能试题和模拟样卷供考生参考和练习，便于考生能够有针对性地进行考前复习准备。今后我们会随着国家职业标准以及鉴定题库的提升，逐步对手册内容进行补充和完善。

本系列手册在编写过程中，得到了有关专家和技术人员的大力支持，在此一并表示感谢。

由于时间仓促，缺乏经验，如有不足之处，恳请各使用单位和个人提出宝贵意见和建议。

1+X职业技能鉴定考核指导手册
编审委员会

目　　录

CONTENTS　1+X 职业技能鉴定考核指导手册

汽车配件销售员职业简介

一、职业名称

汽车配件销售员。

二、职业定义

从事汽车配件与用品的销售、采购与保管工作。

三、主要工作内容

从事的工作主要包括：(1) 汽车配件与用品的识别与选配；(2) 汽车配件与用品的市场营销与客户服务；(3) 汽车配件与用品的采购与保管；(4) 汽配配件与用品销售的管理与创新。

第1部分

汽车配件销售员（五级）鉴定方案

一、鉴定方式

汽车配件销售员（五级）的鉴定方式分为理论知识考试和操作技能考核。理论知识考试采用闭卷计算机机考方式，操作技能考核采用现场实际操作方式。理论知识考试和操作技能考核均实行百分制，成绩皆达60分及以上者为合格。理论知识或操作技能不及格者可按规定分别补考。

二、理论知识考试方案（考试时间90 min）

题型＼项目	考试方式	鉴定题量	分值（分/题）	配分（分）
判断题	闭卷机考	60	0.5	30
单项选择题		70	1	70
小计	—	130	—	100

三、操作技能考核方案

考核项目表

职业（工种）名称		汽车配件销售员		等级	五级		
职业代码							
序号	项目名称	单元编号	单元内容	考核方式	选考方法	考核时间（min）	配分（分）
1	常用配件与车标识别	1	汽车配件分类	操作	必考	3	10
		2	汽车车标识别	操作	抽一	2	10
		3	汽车轮胎识别	操作			
2	销售实务	1	售前准备	操作	必考	1	5
		2	客户接待	操作	必考	2	5
		3	商品介绍（蓄电池、润滑油、三滤）	操作	必考		10
		4	开发票	操作	必考	2	20
3	售后服务	1	电话联系客户	操作	必考	2	5
		2	填写客户资料卡	操作	必考	3	15
4	采购与保管	1	填写库存卡	操作	必考	3	15
		2	消防安全	操作	抽一	2	5
		3	出入库管理	操作			
合计						20	100
备注							

第 2 部分

鉴定要素细目表

<table>
<tr><td colspan="5">职业（工种）名称</td><td>汽车配件销售员</td><td rowspan="2">等级</td><td rowspan="2">五级</td></tr>
<tr><td colspan="5">职业代码</td><td></td></tr>
<tr><td rowspan="2">序号</td><td colspan="4">鉴定点代码</td><td colspan="2" rowspan="2">鉴定点内容</td><td rowspan="2">备注</td></tr>
<tr><td>章</td><td>节</td><td>目</td><td>点</td></tr>
<tr><td></td><td>1</td><td></td><td></td><td></td><td colspan="2">职业道德及职业素质</td><td></td></tr>
<tr><td></td><td>1</td><td>1</td><td></td><td></td><td colspan="2">职业道德</td><td></td></tr>
<tr><td></td><td>1</td><td>1</td><td>1</td><td></td><td colspan="2">职业道德规范</td><td></td></tr>
<tr><td>1</td><td>1</td><td>1</td><td>1</td><td>1</td><td colspan="2">职业道德规范</td><td></td></tr>
<tr><td></td><td>1</td><td>1</td><td>2</td><td></td><td colspan="2">汽车配件销售员的职业道德</td><td></td></tr>
<tr><td>2</td><td>1</td><td>1</td><td>2</td><td>1</td><td colspan="2">汽车配件销售员职业道德——守法</td><td></td></tr>
<tr><td>3</td><td>1</td><td>1</td><td>2</td><td>2</td><td colspan="2">汽车配件销售员职业道德——公平</td><td></td></tr>
<tr><td>4</td><td>1</td><td>1</td><td>2</td><td>3</td><td colspan="2">汽车配件销售员职业道德——诚信</td><td></td></tr>
<tr><td>5</td><td>1</td><td>1</td><td>2</td><td>4</td><td colspan="2">汽车配件销售员职业道德——敬业</td><td></td></tr>
<tr><td>6</td><td>1</td><td>1</td><td>2</td><td>5</td><td colspan="2">汽车配件销售员职业道德——服务</td><td></td></tr>
<tr><td></td><td>1</td><td>2</td><td></td><td></td><td colspan="2">财务基本知识</td><td></td></tr>
<tr><td></td><td>1</td><td>2</td><td>1</td><td></td><td colspan="2">同城结算</td><td></td></tr>
<tr><td>7</td><td>1</td><td>2</td><td>1</td><td>1</td><td colspan="2">同城结算</td><td></td></tr>
<tr><td></td><td>1</td><td>2</td><td>2</td><td></td><td colspan="2">现金结算</td><td></td></tr>
<tr><td>8</td><td>1</td><td>2</td><td>2</td><td>1</td><td colspan="2">现金结算</td><td></td></tr>
<tr><td></td><td>1</td><td>2</td><td>3</td><td></td><td colspan="2">支票结算</td><td></td></tr>
<tr><td>9</td><td>1</td><td>2</td><td>3</td><td>1</td><td colspan="2">支票使用规定</td><td></td></tr>
</table>

续表

职业（工种）名称					汽车配件销售员	等级	五级
职业代码							
序号	鉴定点代码				鉴定点内容	备注	
	章	节	目	点			
	1	2	4		票据管理知识		
10	1	2	4	1	发票		
11	1	2	4	2	开具发票的一般规定		
12	1	2	4	3	开具发票的特殊规定		
13	1	2	4	4	普通发票使用登记、缴销和保管制度		
14	1	2	4	5	增值税专用发票		
15	1	2	4	6	税票		
16	1	2	4	7	运输发票		
	1	3			法律常识		
	1	3	1		劳动法		
17	1	3	1	1	劳动法的基本原则		
18	1	3	1	2	劳动法律关系的主体		
19	1	3	1	3	劳动法律关系的内容		
20	1	3	1	4	劳动法律关系的保护程序		
21	1	3	1	5	劳动合同的订立		
22	1	3	1	6	劳动合同的履行		
23	1	3	1	7	劳动合同的解除和终止		
	1	3	2		产品质量法		
24	1	3	2	1	产品质量和产品质量法的概念		
25	1	3	2	2	生产者的产品质量责任和义务		
26	1	3	2	3	销售者的产品质量责任和义务		
27	1	3	2	4	产品质量管理及其标准		
	1	3	3		消费者权益保护法		
28	1	3	3	1	消费者权益保护法和消费者		
29	1	3	3	2	消费者的权利		
30	1	3	3	3	经营者的义务		

续表

职业（工种）名称					汽车配件销售员	等级	五级
职业代码							
序号	鉴定点代码				鉴定点内容	备注	
	章	节	目	点			
31	1	3	3	4	争议的解决和法律责任		
32	1	3	3	5	欺诈消费者行为的种类		
	1	4			安全常识		
	1	4	1		消防法		
33	1	4	1	1	消防法知识		
	1	4	2		一般防火知识		
34	1	4	2	1	燃烧必备条件		
35	1	4	2	2	汽车配件商场与库房的防火		
36	1	4	2	3	发生火灾时的应急处理		
37	1	4	2	4	正确使用干粉灭火器		
	1	4	3		汽车配件的防盗		
38	1	4	3	1	汽车配件的防盗		
	1	4	4		卫生安全常识		
39	1	4	4	1	卫生安全常识		
	2				汽车配件的识别与选配		
	2	1			机械常识		
	2	1	1		汽车常用工具和量具		
40	2	1	1	1	汽车常用工具		
41	2	1	1	2	汽车常用量具		
	2	1	2		机械制图的基本知识		
42	2	1	2	1	公差与表面粗糙度		
43	2	1	2	2	零件图		
	2	1	3		汽车材料基础知识		
44	2	1	3	1	金属材料及其性能		
45	2	1	3	2	汽车配件常用金属材料		
	2	2			汽车常用耗材		

续表

职业（工种）名称					汽车配件销售员	等级	五级
职业代码							
序号	鉴定点代码				鉴定点内容	备注	
	章	节	目	点			
	2	2	1		汽车燃料		
46	2	2	1	1	汽车燃料		
	2	2	2		汽车润滑油		
47	2	2	2	1	汽油机润滑油		
48	2	2	2	2	柴油机润滑油		
49	2	2	2	3	齿轮油		
	2	2	3		防冻液		
50	2	2	3	1	防冻液		
	2	2	4		制动液		
51	2	2	4	1	醇型制动液		
52	2	2	4	2	矿油型制动液		
	2	2	5		制冷剂		
53	2	2	5	1	R12 制冷剂		
54	2	2	5	2	R134 制冷剂		
	2	2	6		涂料		
55	2	2	6	1	涂料		
	2	3			汽车主要技术参数及分类		
	2	3	1		国内外车型概况		
56	2	3	1	1	中国第一汽车集团公司及品牌		
57	2	3	1	2	上海大众汽车有限公司及品牌		
58	2	3	1	3	上海通用汽车有限公司及品牌		
	2	3	2		汽车主要技术参数		
59	2	3	2	1	汽车主要技术参数		
	2	3	3		汽车分类规则及编号规则		
60	2	3	3	1	国产汽车的分类		
61	2	3	3	2	国产汽车型号的编制规定		

续表

职业（工种）名称					汽车配件销售员	等级	五级
职业代码							
序号	鉴定点代码				鉴定点内容	备注	
	章	节	目	点			
62	2	3	3	3	国际车辆编号规则		
	2	4			汽车构造		
	2	4	1		汽车发动机构造及配件		
63	2	4	1	1	国产汽车发动机产品名称和型号编制规则		
64	2	4	1	2	汽车发动机构造		
65	2	4	1	3	曲柄连杆机构		
66	2	4	1	4	配气机构		
67	2	4	1	5	汽油机燃料供给系		
68	2	4	1	6	柴油机燃料供给系		
69	2	4	1	7	发动机冷却系		
70	2	4	1	8	发动机润滑系		
	2	4	2		汽车底盘构造及配件		
71	2	4	2	1	传动系及配件		
72	2	4	2	2	行驶系及配件		
73	2	4	2	3	转向系及配件		
74	2	4	2	4	制动系及配件		
	2	4	3		汽车电器		
75	2	4	3	1	蓄电池		
76	2	4	3	2	交流发电机及配件		
77	2	4	3	3	电压调节器及配件		
78	2	4	3	4	起动机及配件		
79	2	4	3	5	点火系及配件		
80	2	4	3	6	灯光信号系统及配件		
81	2	4	3	7	汽车仪表		
82	2	4	3	8	汽车线束		
	3				销售基础		

续表

职业（工种）名称					汽车配件销售员	等级	五级
职业代码							
序号	鉴定点代码				鉴定点内容	备注	
	章	节	目	点			
	3	1			商品流通知识		
	3	1	1		商业与商品流通形式		
83	3	1	1	1	简单商品流通		
84	3	1	1	2	发达商品流通		
	3	2			商品陈列与广告宣传		
	3	2	1		陈列概述		
85	3	2	1	1	商品陈列的方法		
86	3	2	1	2	商品陈列的要求		
87	3	2	1	3	商品陈列的原则		
	3	3			接待客户与商品介绍		
	3	3	1		售货程序		
88	3	3	1	1	准备		
89	3	3	1	2	接待		
90	3	3	1	3	展示与介绍商品		
91	3	3	1	4	开票与收款		
92	3	3	1	5	递交与道别		
	3	3	2		购买心理		
93	3	3	2	1	消费者的需求种类划分		
94	3	3	2	2	顾客购买心理过程的八个阶段		
	3	3	3		接待客户的注意事项		
95	3	3	3	1	社交基本原则		
96	3	3	3	2	礼仪行为规范		
97	3	3	3	3	汽车配件销售员的基本礼仪		
	3	3	4		汽车配件门市销售		
98	3	3	4	1	汽车配件门市销售		
	3	3	5		商品介绍与咨询		

续表

职业（工种）名称					汽车配件销售员	等级	五级
职业代码							
序号	鉴定点代码				鉴定点内容		备注
	章	节	目	点			
99	3	3	5	1	咨询服务内容		
100	3	3	5	2	咨询服务方式		
101	3	3	5	3	咨询服务时的注意事项		
	3	3	6		接待客户服务投诉		
102	3	3	6	1	客户投诉的内容		
103	3	3	6	2	处理客户投诉的原则		
104	3	3	6	3	处理客户投诉的程序		
	3	4			谈判与成交		
	3	4	1		谈判技巧		
105	3	4	1	1	谈判的基本技巧		
106	3	4	1	2	成交的策略		
	3	4	2		订立口头合同		
107	3	4	2	1	口头合同的形式		
108	3	4	2	2	口头合同的主要条款		
	3	4	3		收取货款		
109	3	4	3	1	正确计算货款		
110	3	4	3	2	原始凭证		
111	3	4	3	3	发票		
	3	4	4		柜组核算知识		
112	3	4	4	1	柜组核算的概念		
113	3	4	4	2	柜组核算的内容		
114	3	4	4	3	正常损耗与差错率		
115	3	4	4	4	汽车配件销货日报表的填写		
	4				售后服务概述		
	4	1			客户关系管理		
	4	1	1		对客户进行分类		

续表

职业（工种）名称					汽车配件销售员	等级	五级
职业代码							
序号	鉴定点代码				鉴定点内容	备注	
	章	节	目	点			
116	4	1	1	1	对客户进行分类的方法		
	4	1	2		与客户联系		
117	4	1	2	1	与客户联系的意义		
118	4	1	2	2	与客户保持联系的方法		
119	4	1	2	3	与客户联系时应遵循的原则		
	4	1	3		客户档案建立与管理		
120	4	1	3	1	客户档案（资料卡）建立		
121	4	1	3	2	客户档案管理		
	4	2			汽车配件质保处理		
	4	2	1		汽车配件的分类		
122	4	2	1	1	消耗件		
123	4	2	1	2	易损件		
124	4	2	1	3	维修零件		
125	4	2	1	4	标准件		
126	4	2	1	5	保安件		
127	4	2	1	6	肇事件		
	4	2	2		汽车配件消耗的规律和汽车维修制度		
128	4	2	2	1	汽车配件消耗的规律		
129	4	2	2	2	汽车维修制度		
130	4	2	2	3	日常维护		
131	4	2	2	4	一级维护		
132	4	2	2	5	二级维护		
	4	2	3		汽车配件质保处理的方法		
133	4	2	3	1	质量保修		
134	4	2	3	2	向供货厂家进行质量保修项目		
135	4	2	3	3	质量保修申请单及填写方法		

续表

职业（工种）名称					汽车配件销售员	等级	五级
职业代码							
序号	鉴定点代码				鉴定点内容		备注
	章	节	目	点			
	5				日常进货管理		
	5	1			进货		
	5	1	1		选择与鉴别货源		
136	5	1	1	1	货源鉴别		
137	5	1	1	2	“三无”产品		
138	5	1	1	3	识别假冒伪劣的配件产品		
139	5	1	1	4	目测汽车配件的质量		
	5	1	2		采购单据的填写		
140	5	1	2	1	采购单据的填写		
	5	2			验收		
	5	2	1		验收汽车配件		
141	5	2	1	1	配件入库验收的必要性		
142	5	2	1	2	汽车配件验收时初检的内容		
143	5	2	1	3	入库验收的依据		
144	5	2	1	4	验收的业务程序		
145	5	2	1	5	验收准备		
146	5	2	1	6	核对验收单证		
147	5	2	1	7	证件核对		
148	5	2	1	8	汽车配件验收的方法		
	6				汽车配件的保管		
	6	1			出入库管理		
	6	1	1		入库管理		
149	6	1	1	1	建立汽车配件商品档案		
150	6	1	1	2	仓储配件的检查		
151	6	1	1	3	仓储配件的数量检查		
152	6	1	1	4	仓储配件的质量检查		

续表

职业（工种）名称					汽车配件销售员	等级	五级
职业代码							
序号	鉴定点代码				鉴定点内容	备注	
	章	节	目	点			
153	6	1	1	5	对仓储配件保管条件的检查		
154	6	1	1	6	对仓储配件计量器具与安全的检查		
155	6	1	1	7	仓储配件检查中发现问题的处理		
156	6	1	1	8	配件商品出入库管理制度		
	6	1	2		汽车配件的出库与复核		
157	6	1	2	1	出库		
158	6	1	2	2	汽配的出库原则		
159	6	1	2	3	出库凭证手续		
160	6	1	2	4	对外常用进出库凭证		
161	6	1	2	5	企业内部出库凭证		
162	6	1	2	6	商品出库凭证的审核		
	6	1	3		内部调拨		
163	6	1	3	1	内部调拨		
	6	2			汽车配件分区分类和编写货位		
	6	2	1		分区分类		
164	6	2	1	1	一般商品分区分类的方法		
165	6	2	1	2	按商品种类和性质分区分类		
166	6	2	1	3	按商品发往地区进行分区分类		
167	6	2	1	4	按商品危险性质进行分区分类		
168	6	2	1	5	汽配商品分区分类的注意事项		
169	6	2	1	6	汽车配件的分区分类储存		
	6	2	2		编写货位		
170	6	2	2	1	整个仓库的编号		
171	6	2	2	2	货场的编号		
172	6	2	2	3	货架编号方法		
173	6	2	2	4	货位编号的使用		

续表

职业（工种）名称					汽车配件销售员	等级	五级
职业代码							
序号	鉴定点代码				鉴定点内容		备注
	章	节	目	点			
	6	3			货物堆码		
	6	3	1		堆码要求		
174	6	3	1	1	货物的科学堆码技术		
175	6	3	1	2	对堆码商品的要求		
176	6	3	1	3	对堆码场地的要求		
177	6	3	1	4	对堆码的合理性与牢固性的要求		
178	6	3	1	5	堆码的定量要求		
179	6	3	1	6	堆码的整齐与节省要求		
180	6	3	1	7	汽车配件的堆码要求		
	6	4			汽车配件盘存		
	6	4	1		盘点的目的和内容		
181	6	4	1	1	商品盘点的概念		
182	6	4	1	2	盘点的目的		
183	6	4	1	3	盘点的内容		
	6	4	2		盘点方法及盘点结果申报		
184	6	4	2	1	盘点的常用方法		
185	6	4	2	2	日常盘点		
186	6	4	2	3	定期盘点		
187	6	4	2	4	临时盘点		
188	6	4	2	5	循环盘点		
189	6	4	2	6	重点盘点		
190	6	4	2	7	盘点结果处理业务		
191	6	4	2	8	发生盈亏原因的分析		
192	6	4	2	9	盘点后对盘点单的处理		

第 3 部分

理论知识复习题

职业道德及职业素质

一、判断题（将判断结果填入括号中。正确的填“√”，错误的填“×”）

1. 任何违法经营活动都将受到法律制裁。（ ）

2. 竞争是发展社会主义市场经济所必需的。（ ）

3. 只有诚信才能赢得市场、赢得消费者。（ ）

4. 汽车配件销售员应强化服务意识，提升服务质量。（ ）

5. 同城结算就是指不在同一城镇内各单位之间发生经济往来而要求办理的现金结算。（ ）

6. 付款人委托银行或非银行金融机构（如邮局）将现金支付给收款人的方式也属现金结算。（ ）

7. 填开后的发票联要加盖财务印章或发票印章才起作用。（ ）

8. 消费者购买小额商品可不开发票，若消费者索要则不得拒开。（ ）

9. 空白发票可以邮寄出入境。（ ）

10. 增值税专用发票必须由专人负责填写。（ ）

11. 税票是一种有偿收取货币资金的凭证。（ ）

12. 运输货票不是会计凭证中的原始凭证。（ ）

13. 劳动法律关系由主体、客体和内容三要素组成。（ ）

14. 用人单位的主要义务是支付劳动报酬和提供劳动保护条件。（　　）

15. 仲裁是解决劳动争议的最后司法程序。（　　）

16. 用人单位可以根据生产经营需要决定变更劳动合同。（　　）

17. 小王发现用人单位没有为他依法交纳社会保险，他只要提前 3 日通知用人单位，就可以解除劳动合同。（　　）

18. 劳动合同期满，须双方一致同意不再续签劳动合同的，劳动合同终止。（　　）

19. 失效产品可以降价销售。（　　）

20. 对于某种关系到乘客人身安全的车用新产品，目前还没有制定国家和行业质量标准，生产厂应当确保产品质量符合该厂的企业标准。（　　）

21. 消费者权益保护法所指的消费者是指：为了满足生活需要而购买、使用商品和接受服务的个人（包括购买生活资料和服务供个人消费的单位）。所以，农民购买了冒牌农机轮胎就不能按《中华人民共和国消费者权益保护法》的规定要求增加赔偿。（　　）

22. 对于应当承担“三包”责任的大件商品，经营者还应当承担运输等合理费用。（　　）

23. 小王使用小李的营业执照违法经营，消费者的合法权益受到损害时，可以向小王要求赔偿，也可以向小李要求赔偿。（　　）

24. 经营者提供商品或者服务有欺诈行为的，应当按照消费者的要求增加赔偿其受到的损失，增加赔偿的金额为消费者购买商品的价款或者接受服务的费用的一倍。（　　）

25. 阴燃物质的通风条件改善后，会转变成有焰燃烧。（　　）

26. 汽油、液化石油气等残液可以倒入下水道。（　　）

27. 一旦身上着火，应立即奔跑，利用风吹灭火苗。（　　）

28. 汽车配件商场须安装必要的防盗设施，如防盗门、防盗网、保险柜、红外线报警器等。（　　）

29. 长时间接触化学溶剂后要多喝开水，以湿润气管，增强排毒能力。（　　）

二、单项选择题（选择一个正确的答案，将相应的字母填入题内的括号中）

1. 反对和纠正带有行业特点的不正之风，就要树立人人都是（　　）、人人都为他人服务的思想。

A. 为我服务　　B. 我为人人　　C. 服务对象　　D. 服务人员

2. 遵守（　　）是每一个公民都必须做到的。

A. 国家法律法规　　B. 社会主义道德

C. 职业道德　　D. 七不规范

3. 良好的职业道德可以创造良好的经济利益，有力地保障个人的（　　）。

A. 权利义务　　B. 合法利益　　C. 生活质量　　D. 社会地位

4.（　　）才能保证社会主义经济秩序的稳定。

A. 公平竞争　　B. 竞争　　C. 质量　　D. 诚信

5.（　　）意识是发展社会主义市场经济所必需的。

A. 公平　　B. 提高质量　　C. 竞争　　D. 服务诚信

6. 商业信誉是一个企业的生命，也是（　　）的立足之本。

A. 经营者　　B. 公民　　C. 个体户　　D. 企业

7. 企业内每个员工都必须遵守的基本职业道德是（　　）。

A. 爱岗敬业　　B. 团队合作　　C. 遵守纪律　　D. 工作认真

8. 吃苦耐劳、严于律己、认真负责、不懈怠不懒散都是（　　）的具体表现。

A. 守法　　B. 敬业　　C. 诚信　　D. 服务

9. "一切以消费者利益为出发点，想顾客所想、急顾客所急，最大限度地满足消费者的需求"是汽配企业应强化的（　　）。

A. 服务意识　　B. 诚信意识　　C. 守法意识　　D. 竞争意识

10. 在销售过程中，对于不同消费层次和消费水平的顾客，应该要（　　）。

A. 主次分明　　B. 一视同仁　　C. 满足需求　　D. 微笑服务

11. 同城结算的方式有支票结算、（　　）、托收无承付结算、同城托收承付结算等。

A. 委托付款结算　　B. 商业汇票结算

C. 现金结算　　D. 银行汇票结算

12. 企业之间一般不采用（　　）的方式，只有私人之间或企业与私人之间采用这种结算方式。

A. 支票结算　　B. 商业汇票结算

C. 现金结算　　　　D. 银行汇票结算

13. 付款人委托银行或非银行金融机构（如邮局）将现金支付给收款人的方式也属（　　）结算。

A. 转账　　B. 现金　　C. 支票　　D. 付款

14. 从签发的（　　）算起，支票付款期为10天，到期日遇节假日顺延支票付款期为10天。

A. 当日　　B. 次日　　C. 隔日　　D. 两日内

15. 签发支票应使用（　　）填写。

A. 黑色圆珠笔　　B. 墨汁笔

C. 碳素墨水笔　　D. 墨汁笔或碳素墨水笔

16. 在上海汽车维修行业中，主要使用的有（　　）。

A. 服务业发票　　B. 商业发票

C. 运输发票　　D. 服务业发票、商业发票、维修发票

17. 发票限于领购单位和个人自己填写，不准（　　）。

A. 买卖、转借、转让、代开　　B. 买卖、代开

C. 转借　　D. 转让

18. 未经（　　）批准，不得拆本使用发票。

A. 企业领导　　B. 财务主管　　C. 税务机构　　D. 代理银行

19. 开具发票后，发生销货退回的，在收回原发票并注明“作废”字样或取得对方有效证明后，可以填开（　　）发票。

A. 黑字　　B. 红字　　C. 蓝字　　D. 彩色

20. 发票若错开，应将发票各联完整保留，并加盖（　　）章。

A. 废弃　　B. 无效　　C. 作废　　D. 失效

21. 用票单位或个人丢失发票后，需在（　　）等传播媒介上公开声明作废。

A. 报刊或电视　　B. 报刊　　C. 电视　　D. 代理银行

22. 增值税专用发票统一由国家税务总局委托（　　）印制，其他任何单位和个人都不得私自使用发票的样式或印制专用发票。

A. 中国人民银行印钞造币总公司　　B. 中国人民银行印刷总公司
C. 工商银行印钞造币总公司　　D. 建设银行印钞造币总公司

23. 增值税纳税人只有在办理（　　）的认定手续后，才有资格申请领购增值税专用发票。

A. 纳税人　　B. 企业纳税登记
C. 一般纳税人　　D. 企业营业执照

24. （　　）是纳税人履行纳税义务的唯一合法凭证。

A. 商业发票　　B. 收据　　C. 税票　　D. 支票

25. 税票是税务机关收税时的（　　）凭证。

A. 专用　　B. 统一　　C. 普通　　D. 特定

26. 在货物运输中，采用不同的运输方式，就有不同的（　　）。

A. 商业发票　　B. 收据　　C. 税票　　D. 运输发票

27. “多劳多得，少劳少得”是劳动法的（　　）原则。

A. 劳动者享有社会保障权利　　B. 参加民主管理
C. 按劳分配　　D. 男女平等、民族平等

28. 劳动是一切有劳动能力公民的法定（　　）。

A. 权利和责任　　B. 责任和义务　　C. 权利和义务　　D. 权利和保障

29. 用人单位招用的汽车修理工必须年满（　　）。

A. 15周岁　　B. 16周岁
C. 18周岁　　D. 16周岁并经劳动行政主管部门批准

30. 劳动法规定用人单位的权利主要有企业自主用人、自主分配劳动报酬、非过失性辞退职工、（　　）。

A. 培养人才　　B. 贡献社会
C. 参加慈善活动　　D. 提请劳动争议处理

31. 劳动者的主要义务是完成劳动任务、（　　）、执行劳动安全规程、遵守劳动纪律和职业道德。

A. 提高职业技能　　B. 多劳多得

C. 升职加薪　　D. 男女平等

32. 解决劳动争议的程序有：协商、（　　）、仲裁、诉讼。

A. 商量　　B. 打官司　　C. 调解　　D. 裁决

33. （　　）是解决劳动争议的最后司法程序。

A. 协商　　B. 仲裁　　C. 调解　　D. 诉讼

34. （　　），用人单位和劳动者可以在劳动合同中约定违约金。

A. 劳动者未完成规定的任务

B. 劳动者要求提前解除劳动合同

C. 劳动者违反服务期限和竞业限制的约定

D. 劳动者不同意加班

35. 在（　　）的情况下劳动合同自然终止。

A. 某员工不能胜任工作，经过培训和调整岗位仍不能胜任工作，4 月 1 日人事经理对该员工说："休完劳动节假期，到公司人事部办理解除劳动合同的手续。"

B. 员工患病在医疗期内

C. 女职工怀孕不能坚持正常上班

D. 劳动者开始依法享受基本养老保险待遇

36. 在（　　）的情况下劳动合同自然终止。

A. 某员工不能胜任工作，经过培训和调整岗位仍不能胜任工作，4 月 1 日人事经理对该员工说："休完劳动节假期，到公司人事部办理解除劳动合同的手续。"

B. 员工患病在医疗期内

C. 女职工怀孕不能坚持正常上班

D. 用人单位被依法宣告破产

37. 劳动者提前（　　）日以书面形式通知用人单位，可以解除劳动合同。

A. 10　　B. 20　　C. 30　　D. 40

38. 产品质量法是调整（　　）因产品质量所发生的经济关系。

A. 科研、生产、流通过程中　　B. 生产、流通过程中

C. 生产、流通、消费过程中　　D. 流通、消费过程中

39. 产品质量法不适用于（　　）所发生的质量纠纷。

A. 奶粉　　B. 服装　　C. 汽车配件　　D. 建设工程

40. 生产者在产品包装上必须标明（　　）。

A. 建议零售价　　B. 质量投诉电话

C. 中文的产品名称、厂名、厂址　　D. 产品规格、等级、主要成分

41. 销售者应当（　　）。

A. 建立并执行进货检查验收制度，验明产品合格证明和其他标识

B. 建立商品试用制度

C. 建立国家明令淘汰产品的销售保障制度

D. 建立售后服务制度

42. 下列哪一项是销售者的质量责任和义务（　　）。

A. 建立并执行进货验收制度，验明产品合格证明和其他标识

B. 建立并执行进货验收制度，验明产品质量和其他质量标识

C. 建立并执行进货签收制度，验明产品合格证明和其他标识

D. 建立并执行进货签收制度，验明产品价格和数量

43. 企业质量体系认证的对象是（　　），由企业自愿申请认证。

A. 企业的质量管理人员　　B. 产品

C. 生产者或销售者　　D. 企业

44. 企业在产品或者其包装上使用产品质量认证标志，应经（　　）认证合格。

A. 国家质量管理部门　　B. 国家认可的认证机构

C. 行业管理部门　　D. 企业委托的中介机构

45. 消费者权益是指消费在有偿获得商品或接受服务时所应得到的（　　）。

A. 正当权利　　B. 权利　　C. 义务　　D. 利益

46. 消费者权益保护法规定的消费者权利不包括（　　）。

A. 产品和服务知情权　　B. 维护尊严权

C. 接受监督权　　D. 损害赔偿权

47. 消费者有权要求经营者提供的商品和服务符合保障人身、财产安全的要求，这是消

费者的（　　）。

A. 知情权　　B. 自主选择权　　C. 保障安全权　　D. 公平交易权

48. 下列表述正确的是（　　）。

A. 提供收银条后，消费者索要购货凭证或者服务单据的，经营者必须出具

B. 有顾客在店堂内滑倒受伤。经查，是由于润滑油包装被其他顾客弄破造成的。店经理承诺在找到该弄破包装的顾客后，三方协商解决

C. 消费者购买、使用商品时，其合法权益受到损害的，可以向销售者或者生产者要求赔偿

D. 消费者权益保障协会等消费者组织是社会团体，不能就其所知的某汽配产品的质量问题直接提请鉴定部门鉴定

49. 下列表述正确的是（　　）。

A. 消费者因经营者利用虚假广告提供商品或服务，其合法权益受到损害的，可以向经营者要求赔偿

B. 有顾客在店堂内滑倒受伤。经查，是由于润滑油包装被其他顾客弄破造成的。店经理承诺在找到该弄破包装的顾客后，三方协商解决

C. 消费者购买、使用商品时，其合法权益受到损害的，可以向销售者或者生产者要求赔偿

D. 消费者权益保障协会等消费者组织是社会团体，不能就其所知的某汽配产品的质量问题直接提请鉴定部门鉴定

50. 根据消费者投诉，某汽车用品商店发现其最近进货的一批刹车油有严重生产质量问题，该商店应该（　　）。

A. 通知生产厂立即解决

B. 调换刹车油，通知生产厂家

C. 调换刹车油，停止销售，通知供货单位和其他消费者

D. 立即向有关行政部门报告和告知消费者，采取防止危害发生的措施

51. 根据消费者权益保护法，消费者在下列（　　）情况下可以要求经营者按照商品价款的一倍增加赔偿金额。

A. 商品无中文说明　　　　B. 侵犯专利权
C. 以收据代发票　　　　D. 有欺诈行为

52. 根据消费者权益保护法，消费者在下列（　　）情况下可以要求经营者按照商品价款的一倍增加赔偿金额。

A. 超越经营范围
B. 商品无中文说明
C. 提供的商品存在缺陷
D. 利用邮购销售骗取价款而不提供或者不按照约定条件提供商品的

53. 火灾扑灭后，起火单位应当按照公安消防机构的要求（　　），如实提供火灾事故的情况。

A. 保护现场　　　　B. 接受事故调查
C. 消除隐患、接受事故调查　　　　D. 保护现场、接受事故调查

54. 燃烧必须具备三个条件：着火源、可燃源、（　　）。三者缺一，火就无法形成。

A. 二氧化碳　　B. 热源　　C. 助燃物　　D. 阴燃

55. 不容易发生阴燃的物质是（　　）。

A. 煤　　B. 汽油　　C. 布匹　　D. 纸张

56. 电气火灾的成因主要有短路、（　　）、接触不良、电线老化等。

A. 开路　　B. 过负荷　　C. 没电　　D. 断路

57. 塑料及汽油摩擦会产生（　　）。

A. 静电　　B. 气体　　C. 直流电　　D. 交流电

58. 发生火灾时，必须抓住起火（　　）min 内的有利时机，迅速利用灭火器、水、湿棉被等将火扑灭。

A. 10　　B. 8　　C. 5　　D. 3

59. 灭火器应每半年进行一次检查，药剂有效期一般为（　　）年。

A. 1　　B. 2　　C. 3　　D. 5

60. 灭火器应该（　　）进行一次检查。

A. 半年　　B. 3 个月　　C. 1 年　　D. 3 年

61. 汽车配件仓库应制定并遵守本企业的（　　），做好安全保卫工作。

A. 人事制度　　B. 安全防盗制度

C. 学习制度　　D. 卫生制度

62. 汽车配件仓库要配备防盗设施，如安装防盗门、（　　）、红外报警器等。

A. 防盗锁　　B. 探头　　C. 保险柜　　D. 高压电网

63. 具有爆炸、易燃、毒害、腐蚀、（　　）等性质的物品，统称为化学危害物品。

A. 放射性　　B. 吸收性　　C. 变质性　　D. 辐射性

汽车配件的识别与选配

一、判断题（将判断结果填入括号中。正确的填“√”，错误的填“×”）

1. 在汽车运行中涉及的常用工具主要包括开口扳手、套筒扳手、火花塞套筒扳手、量缸表等。（　　）

2. 在满足使用性能要求的前提下，选用表面粗糙度要求尽可能高的零件，以降低成本。（　　）

3. 识读汽车零件图时，首先了解图纸所表示的机器名称、规格、用途和工作情况。（　　）

4. 在工程技术上，通常将金属材料分为黑色金属和有色金属。（　　）

5. 发动机的压缩比高的汽车，应选用牌号（即辛烷值）较低的汽油。（　　）

6. CA 级汽油机油又称汽油机润滑油，是我国当前生产最多和使用最广的发动机用油。（　　）

7. QB 级柴油机油又称柴油机润滑油，应用很广。（　　）

8. 通常情况下，防冻液的冰点要比使用地区的最低气温低 5℃。（　　）

9. 汽车制动液（刹车油）是用于汽车液压制动装置中传递压力以制止车轮转动的液体。（　　）

10. 醇型制动液适宜在严寒和炎热的季节里使用。（　　）

11. 国家规定，2005 年以后出产的新车，不准使用 R12 作汽车空调制冷剂。（　　）

12. R134a 制冷剂具有良好的大气环境特性，不破坏臭氧层。 （ ）

13. 涂料产品的分类是以涂料漆基中主要成膜物质为基础。若成膜物质为多种树脂，则以在涂膜中起主要作用的一种树脂为基础。 （ ）

14. 高尔夫是上海大众生产的品牌。 （ ）

15. 上海通用汽车的产品使用的是通用和雪佛兰的商标。 （ ）

16. 汽车轻载时最大爬坡能力称为爬坡度。 （ ）

17. 《汽车产品型号编制规则》（GB 9417—88）规定，国产汽车型号首部是识别企业的代号。 （ ）

18. 国际上均使用 VIS 车辆识别代码对车辆编号。 （ ）

19. 汽车由发动机、底盘、车身和电气设备组成。 （ ）

20. 汽车内燃机型号由阿拉伯数字和汉语拼音组成。 （ ）

21. 大多数汽车发动机都采用往复活塞式内燃机。 （ ）

22. 汽车发动机缸体在正常情况下为非易损件。 （ ）

23. 汽油机燃料供给系的功用是：根据发动机各种不同工作状况的要求，配制一定数量和浓度的可燃混合气，供入汽缸，并在燃烧做功后，将其废气排入大气中去。 （ ）

24. 柴油发动机的柱塞式喷油泵因其性能好、使用可靠、调整加工方便等为大多数汽车柴油机采用。 （ ）

25. 当前，用户为缩短修理时间，更换水泵总成逐渐增多。 （ ）

26. 车轮、刹车、传动轴等都属于底盘类。 （ ）

27. 传动系的功用是将发动机发出的动力传给驱动车轮，使路面对驱动轮产生驱动力，从而推动汽车行驶。 （ ）

28. 保证汽车行驶平顺性是汽车行驶系的功用之一。 （ ）

29. 驻车制动器的使用，可以使汽车在坡道上起步。 （ ）

30. 蓄电池是汽车的辅助电源，向起动机或其他用电设备供电。 （ ）

31. 交流发电机是汽车的主电源，与蓄电池串联。 （ ）

32. 起动机的工作电流大、负荷大、振动大、扭曲大、冲击大，为易损件。 （ ）

33. 点火线圈是产生点火所需低压电的装置。 （ ）

34. 汽车信号系统的主要作用在于向车辆发出警告或示意信号。（　　）

35. 汽车线束系汽车维修中常用的消耗材料，每年作为配件的供应量很大。（　　）

二、单项选择题（选择一个正确的答案，将相应的字母填入题内的括号中）

1. 不能用作紧固或拆卸一般标准规格的螺母和螺栓的工具是（　　）。

A. 套筒扳手　　B. 钳子　　C. 起子　　D. 梅花扳手

2. 适用于旋转部位很小或隐蔽较深处的六角螺母和螺栓的工具是（　　）。

A. 套筒扳手　　B. 扭力扳手　　C. 开口扳手　　D. 梅花扳手

3. （　　）用来检验两个相互结合的表面之间的间隙大小。

A. 游标卡尺　　B. 塞尺　　C. 千分尺　　D. 量缸表

4. （　　）在汽车修理中用来测量发动机汽缸的圆度、掌握磨损情况。

A. 游标卡尺　　B. 千分尺　　C. 塞尺　　D. 量缸表

5. 发动机活塞尺寸 $\phi 100^{+0.015}_{-0.045}$ mm，表示活塞的基本尺寸是（　　）mm。

A. 100　　B. 100.015　　C. 99.995　　D. 0.060

6. 识读汽车零件图第一步是（　　）。

A. 看要求心有底　　B. 看标题知大概

C. 看图形想形状　　D. 看尺寸明精度

7. 识读汽车零件图第二步是（　　）。

A. 看标题知大概　　B. 看尺寸明精度

C. 看图形想形状　　D. 看要求心有底

8. 生锈是金属的（　　）。

A. 化学性能　　B. 工艺性能　　C. 物理性能　　D. 生物性能

9. 金属材料在长时间交变载荷作用下，产生断裂现象称为金属的（　　）。

A. 疲劳破坏　　B. 弹性破坏　　C. 化学破坏　　D. 韧度破坏

10. 转向节、连杆、进气门、变速箱齿轮、曲轴、半轴花键、轴、蜗杆等都是选用（　　）制造的。

A. 合金结构钢　　B. 普通碳素钢

C. 优质碳素结构钢　　D. 碳素铸钢

11. 我国的柴油牌号可分为－10 号、（　　）号、10 号。

A. 0　　B. 2　　C. 4　　D. －30

12. 用辛烷值作为指标的油品是（　　）。

A. 柴油　　B. 天然气　　C. 煤气　　D. 汽油

13. （　　）适用于桑塔纳轿车

A. 汽油润滑油　　B. 柴油润滑油

C. 普通机油　　D. 通用型润滑油

14. 国产汽油机油的牌号有 6 号、（　　）号、15 号。

A. 8　　B. 9　　C. 10　　D. 11

15. 起重机发动机应选用（　　）。

A. 汽油机润滑油　　B. 柴油润滑油

C. 通用型润滑油　　D. 双曲线齿轮油

16. 双曲线齿轮油的牌号是（　　）号。

A. 90　　B. 80　　C. 85　　D. 18

17. 适合－26℃以上地区全年通用的齿轮油是（　　）。

A. 双曲线齿轮油　　B. 普通齿轮油

C. 专用齿轮油　　D. 特种齿轮油

18. （　　）不是防冻液的主要成分。

A. 酒精与水　　B. 甲醇与水　　C. 甘油与水　　D. 乙二醇与水

19. 防冻液是用于汽车（　　）内的一种防冻液体。

A. 发动机　　B. 油箱　　C. 水道　　D. 散热器

20. 汽车制动液不包括（　　）。

A. 醇型　　B. 矿油型　　C. 甘油型　　D. 合成型

21. （　　）制动液不适宜在严寒和炎热季节地区的车辆使用。

A. 醇型　　B. 矿油型　　C. 甘油型　　D. 合成型

22. （　　）刹车油能用在各种油压制动的普通车辆上。

A. 矿油型　　B. 甘油型　　C. 合成型　　D. 醇型

23. 使用（　　）制动液时，需要将制动皮碗、软管更换成耐油橡胶制品，以免受到腐蚀，引起车辆制动失灵。

A. 醇型　　B. 矿油型　　C. 甘油型　　D. 合成型

24. 能保证在−70～150℃范围内制动车辆时灵活可靠的刹车油是（　　）。

A. 矿油型　　B. 醇型　　C. 合成型　　D. 甘油型

25. 我国在2000年以前出产的车辆大多采用（　　）制冷剂。

A. 甲烷　　B. R134a　　C. 二氟二氯　　D. R12

26. 国家规定，（　　）年后出产的新车不准使用R12作为汽车空调制冷剂。

A. 2005　　B. 2003　　C. 2001　　D. 2000

27. 进入大气的（　　）制冷剂不破坏地球的臭氧保护层。

A. R134a　　B. 氟利昂　　C. 甲烷　　D. 天然气

28. 涂料类别中的油脂漆类的代号是（　　）。

A. X　　B. D　　C. Y　　D. R

29. 涂料类别中的环氧漆类的代号是（　　）。

A. H　　B. V　　C. S　　D. W

30. 中国第一汽车集团主要的车型有解放、捷达、（　　）、红旗等。

A. 东风　　B. 桑塔纳　　C. 奥迪　　D. 别克

31. 上海大众汽车有限公司主要车型有桑塔纳、桑塔纳2000、帕萨特、（　　）、高尔等。

A. 波罗　　B. 赛欧　　C. 飞度　　D. 宝来

32. 坐落于上海市嘉定区安亭国际汽车城的公司是（　　）。

A. 上海通用汽车有限公司　　B. 上海汇众制造厂

C. 上海大众汽车有限公司　　D. 上海华普汽车有限公司

33. 上海通用汽车有限公司主要车型有别克、（　　）、君威、凯越等。

A. 波罗　　B. 赛欧　　C. 飞度　　D. 宝来

34. 上海通用系列产品分别使用通用和（　　）的商标。

A. 凯迪拉克　　B. 雪佛兰　　C. 东风　　D. 奔驰

35. 满载时车辆支撑平面与车辆最低点之间的距离称为（　　）。

A. 接近角　　B. 离去角　　C. 离地间隙　　D. 轴距

36. （　　）车的主参数代号为车辆长度。

A. 轿车　　B. 客车　　C. 货车　　D. 越野车

37. 乘用车的座位包括驾驶员在内最多不超过（　　）个座位。

A. 7　　B. 9　　C. 16　　D. 5

38. 国产汽车型号首部是识别企业的代号，其中（　　）代表北京。

A. SH　　B. BJ　　C. CA　　D. EQ

39. 国产汽车型号首部是识别企业的代号，其中（　　）代表南京。

A. SH　　B. BJ　　C. NJ　　D. EQ

40. 车辆识别代码的第一部分第一位字码是 L，表示产地（　　）。

A. 德国　　B. 中国　　C. 美国　　D. 韩国

41. 汽车通常由（　　）、车身、底盘和电气设备组成。

A. 传动装置　　B. 发动机　　C. 行驶系　　D. 制动装置

42. 汽车通常由（　　）、发动机、车身和电气设备组成。

A. 底盘　　B. 传动系统　　C. 弹簧　　D. 车轮

43. 柴油发动机的（　　）与汽油发动机不同。

A. 混合气形成和点火方式　　B. 配汽机构和冷却方式

C. 混合气形成和冷却方式　　D. 冷却方式和点火方式

44. 车用汽油发动机的两个机构是指曲柄连杆机构和（　　）机构。

A. 配汽　　B. 制动　　C. 传动　　D. 配电

45. 1E65F 表示（　　）、二冲程、缸径 65 mm、风冷、通用型发动机。

A. 单缸　　B. 四缸　　C. 二缸　　D. 六缸

46. 车用发动机的五个系统是指供给系、点火系、冷却系、启动系和（　　）系。

A. 润滑　　B. 传动　　C. 制动　　D. 转向

47. 车用发动机的五个系统是指供给系、点火系、润滑系、启动系和（　　）系。

A. 冷却　　B. 传动　　C. 制动　　D. 转向

48. 活塞、活塞环及活塞销都是汽车发动机中的易耗件，它们的供应单位为（　　）。

A. 个　　B. 条　　C. 组　　D. 件

49. 曲柄连杆机构是将（　　）而输出动力的机构。

A. 活塞的旋转运动转变为曲轴的直线运动

B. 活塞的直线往复运动转变为曲轴的旋转运动

C. 活塞的直线往复运动转变为曲轴的直线运动

D. 活塞的旋转运动转变为曲轴的旋转运动

50. 气门组由（　　）、气门导管、气门弹簧组成。

A. 调整螺钉、摇臂　　B. 摇臂、摇臂轴

C. 气门、气门座　　D. 气门、推杆

51. 化油器属（　　）。

A. 易损件　　B. 易耗件　　C. 维修零件　　D. 基础件

52. 汽油泵属（　　）。

A. 易损件　　B. 易耗件　　C. 维修零件　　D. 基础件

53. 柴油发动机喷油泵的功用是定时、定量地向（　　）输送高压柴油。

A. 输油泵　　B. 油管　　C. 柴油箱　　D. 喷油器

54. 柴油发动机喷油泵和调速器为（　　）。

A. 易损件　　B. 易耗件　　C. 非易耗件　　D. 非易损件

55. （　　）的作用是使冷却水循环。

A. 发动机　　B. 水泵轴承　　C. 水泵　　D. 叶轮

56. 机油泵的作用是压送机油并使其在（　　）系内进行循环。

A. 润滑　　B. 传动　　C. 制动　　D. 转向

57. 机油滤清器是（　　）。

A. 易损件　　B. 易耗件　　C. 维修零件　　D. 基础件

58. 汽车底盘由传动系、（　　）、行驶系和制动系四大部分组成。

A. 转向系　　B. 冷却系　　C. 润滑系　　D. 启动系

59. 传动系、（　　）、转向系、制动系等组成了汽车底盘。

A. 冷却系　　B. 行驶系　　C. 润滑系　　D. 供给系

60. （　　）的功用是保证汽车起步平稳、保证传动系换挡工作平顺、防止传动系过载。

A. 离合器　　B. 变速器

C. 万向传动装置　　D. 驱动桥

61. 汽车悬架一般由弹性元件、导向装置和（　　）三部分组成。

A. 减振器　　B. 变速器　　C. 转向器　　D. 差速器

62. 轮胎可以分为斜交线轮胎和（　　）轮胎。

A. 子午线　　B. 天然橡胶　　C. 合成橡胶　　D. 尼龙

63. 汽车转向器是转向系中的（　　）装置。

A. 减速传动　　B. 加速传动　　C. 匀速传动　　D. 变速传动

64. 转向操纵机构主要由（　　）、转向轴、转向柱管、衬套等组成。

A. 转向轴承　　B. 转向盘　　C. 转向节　　D. 摇臂

65. 汽车上设置了（　　）套相互独立的制动装置。

A. 一　　B. 二　　C. 三　　D. 四

66. 蓄电池是一种电能与（　　）的转换装置。

A. 动能　　B. 化学能　　C. 磁能　　D. 势能

67. 蓄电池的正常使用寿命约（　　）$\times 10^4$ km，一般均更换总成件。

A. 1～2　　B. 2～3　　C. 3～4　　D. 5 以上

68. 发动机正常工作时，汽车上的工作设备主要由（　　）供电。

A. 蓄电池　　B. 发电机　　C. 电动机　　D. 电压调节器

69. 交流发电机是汽车的主电源，与蓄电池（　　）。

A. 并联　　B. 串联　　C. 分开连接　　D. 使用一根线

70. 电压调节器对（　　）输出的不稳定电压加以调节，使车用电气设备得到较稳定的电压。

A. 蓄电池　　B. 电动机　　C. 发电机　　D. 发动机

71. 车用启动机的工作电流大、负荷大、振动大、冲击大，为（　　）。

A. 易耗件　　B. 易损件　　C. 耐用件　　D. 常用件

72. 启动机的输入电流约为（　　）A。

A. 50～100　　B. 200～1 000　　C. 250～1 500　　D. 360～1 000

73.（　　）在高压、高温下工作，同时受到燃烧后的可燃气体强大冲击，以及承受高压电的击穿力和电火花的熔蚀作用，很容易积炭污染。

A. 点火线圈　　B. 火花塞　　C. 分电器　　D. 点火开关

74. 火花塞在高温、高压下工作，受燃气强大冲击，属于（　　）。

A. 易损件　　B. 耐用件　　C. 易耗件　　D. 常用件

75.（　　）一般采用双丝灯泡，即远光和近光两个灯丝。

A. 前照灯　　B. 雾灯　　C. 尾灯　　D. 倒车灯

76. 汽车组合仪表通常包括电流表、（　　）、温度表、机油压力表及车速里程表。

A. 电压表　　B. 转速表　　C. 油量表　　D. 液面高度表

77. 目前轿车上使用的组合仪表都是（　　）仪表。

A. 机械式　　B. 电子式　　C. 综合式　　D. 普通式

78. 汽车线束包括低压电线、高压点火线和（　　）。

A. 电机用线　　B. 点火线圈　　C. 火花塞　　D. 电压调节器

79. 火花塞使用的线称为（　　）。

A. 低压线　　B. 高压线　　C. 绝缘线　　D. 耐温线

销售基础

一、判断题（将判断结果填入括号中。正确的填“√”，错误的填“×”）

1. 简单商品流通的交换过程是以卖开始，以买结束，为卖而买。（　　）

2. 发达商品流通的交换过程是以买开始，为卖而买，先买后卖。（　　）

3. 汽车配件零售门市的商品陈列有橱窗商品陈列、柜台货架商品陈列、架顶陈列、壁挂陈列、平地陈列等。（　　）

4. 汽配商场陈列的商品不一定要明码标价。（　　）

5. 商品陈列要使顾客选取商品方便、要有容量感、陈列用的道具要协调。（　　）

6. 营业员在迎客时，要站在既能照顾自己负责的柜台、货架上的商品，又能易于观察顾客与接近顾客的位置。 （ ）

7. 营业员向顾客展示与介绍商品时要实事求是，维护企业的利益。 （ ）

8. 货款合一的收款方式就是顾客当即付款当即取货，钱货两清的收款方法。 （ ）

9. 消费者的需求按其形式，可分为生存的需求、享受的需求和精神的需求。 （ ）

10. 顾客购物后的满足感体现在购物终了时的满足感和使用购买品时的满足感。（ ）

11. 社会交往的互惠原则包括物质和金钱两方面的互惠互利。 （ ）

12. 现在人们常用名片代替自我介绍，一般发名片的顺序应是地位高的先把名片交给地位低的，年轻的先把名片交给年老的。 （ ）

13. 汽配门市销售中柜组分工一般有按品种系列分和按车型系列分两种。 （ ）

14. 销售人员在客户咨询与介绍商品时，可根据顾客的情况适时地抬高各项技术指标。 （ ）

15. 销售人员在介绍商品的同时，要全面介绍企业的售后服务政策，以吸引客户购买，但不必提供售后服务。 （ ）

16. 顾客对商场服务的投诉主要是对营销员的服务质量、服务态度、服务方式、服务技巧等方面提出的批评与抱怨。 （ ）

17. 顾客投诉时，接待人员应立刻与顾客讲道理，在最短的时间内得出结论。 （ ）

18. 在销售过程中，只有了解客户的心理，投其所“好”，投其所“需”，才有可能促成交易。 （ ）

19. 成交信号是指顾客在接受推销过程中，有意无意流露出来的各种成交意向，销售员必须善于观察顾客的言行，捕捉各种成交信号，但不必急于促成交易。 （ ）

20. 企业售后服务质量的好坏，与产品的市场占有率无直接关系。 （ ）

二、单项选择题（选择一个正确的答案，将相应的字母填入题内的括号中）

1. 简单商品流通的交换过程是以（ ）开始，以买结束。

A. 卖　　B. 买　　C. 交换　　D. 销售

2. 发达商品流通的形式是货币转化为商品，再从商品转化为货币，即（ ）。

A. G—W—G'　　B. W—G—W'　　C. G—W—W'　　D. W—G—G'

3. 发达商品的交换过程是以（　　）开始，以卖结束。

A. 买卖　　B. 买　　C. 交换　　D. 批发

4. 商品陈列是以商品为主体，是一种向顾客推荐商品的（　　）。

A. 推销方式　　B. 销售方式　　C. 买卖方式　　D. 宣传方式

5. 商品陈列的优劣能影响整个销售区的气氛，影响（　　）。

A. 销售业绩　　B. 销售员提成　　C. 交易量　　D. 买卖

6. 橱窗陈列的商品一定要有（　　），体现出企业的特色。

A. 可看性　　B. 代表性　　C. 丰富性　　D. 定位性

7. （　　）不属于商品陈列的要求。

A. 库有柜有、明码标价　　B. 定性定质陈列

C. 分类分等顺序陈列　　D. 连带商品系统陈列

8. 便于顾客选购和营业员取放、盘点商品，以提高售货效率的陈列要求称为（　　）。

A. 分类分等　　B. 明码标价　　C. 定位定量　　D. 连带商品系统

9. 过了畅销时再也卖不出去的商品称为（　　）商品。

A. 畅销　　B. 高毛利　　C. 摆饰　　D. 滞销

10. 从销售角度来看，商品一般可分为畅销商品、（　　）、摆饰商品和滞销商品。

A. 高毛利商品　　B. 普通商品　　C. 季节性商品　　D. 新上市商品

11. 在门店营业前，汽车配件销售员要检查、准备售货用具中的计算器、复写纸、发货单等（　　）用品。

A. 计量　　B. 测试　　C. 计价　　D. 售货

12. 汽车配件销售员接待顾客的步骤一般分为（　　）和接触。

A. 欢迎　　B. 迎客　　C. 介绍　　D. 招待

13. 当客户长时间注视某一商品时，汽车配件销售员可以（　　）来接近顾客。

A. 用夸赞商品的话　　B. 用夸赞顾客的话

C. 面带笑容地　　D. 平静主动地

14. 汽车配件销售员向顾客推荐商品是（　　）的一个重要手段。

A. 促进销售　　B. 指导消费

C. 促进销售、指导消费　　D. 展示企业文化

15. 售货程序包括对商品的（　　）和介绍。

A. 促销　　B. 销售　　C. 展示　　D. 价格

16. 大中型汽配零售商店普遍采用的收款方式是（　　）。

A. 货款合一　　B. 货款分责

C. 自动售货、自行结算　　D. 代收代付

17. 汽车配件销售员将商品递交给顾客的基本要求是（　　）、准确礼貌。

A. 速度快　　B. 微笑准确　　C. 主动递交　　D. 单手递交

18. 汽车配件销售员主动递交和（　　）是商品递交的基本要求。

A. 准确无误　　B. 速度快　　C. 亲切自然　　D. 点头

19. 消费者的需求种类中，按需求的对象可分为物质需求和（　　）两大类。

A. 精神需求　　B. 生存需求　　C. 享受需求　　D. 发展需求

20. 需求层次理论认为，（　　）是为支持生命所需，是人的最基本的需要。

A. 尊重需求　　B. 社交需求　　C. 安全需求　　D. 自我实现

21. 顾客在柜台前注意商品价格和其他同类商品，说明他正处于（　　）购买心理过程的阶段。

A. 注意　　B. 兴趣　　C. 联想　　D. 比较

22. 汽车配件销售员如实介绍产品的品牌、性能、特点、价格等，不随意夸大产品的性能和服务的承诺属于社交基本原则中的（　　）。

A. 互惠原则　　B. 平等原则　　C. 信用原则　　D. 相容原则

23. 人际交往中，说真话、办实事、言而有信是（　　）。

A. 互惠原则　　B. 平等原则　　C. 信用原则　　D. 相容原则

24. “礼尚往来”“来而不往非礼也”，这些格言指的是礼仪行为规范中的（　　）原则。

A. 规范性　　B. 对等性　　C. 健康性　　D. 相对性

25. “不论是一般交际礼节，还是重大活动礼仪，都要按照一定规则行事”是指礼仪规范性原则中的（　　）。

A. 遵守规则　　B. 切合情景　　C. 表现适度　　D. 郑重其事

26. 汽车配件销售员在接、递顾客名片时最好用双手，名片正面应向着（　　），并表示谢意。

A. 自己　　B. 对方　　C. 上方　　D. 下方

27. 商品展示要讲究技巧，“四展示”，即（　　）展示、平面展示、立体展示、对比展示。

A. 移动　　B. 空间　　C. 试用　　D. 披肩

28. 汽配销售按部、系、品名分柜组时，经营发动机系列的柜组称为（　　）柜组。

A. 常用　　B. 发动机　　C. 品种　　D. 配件

29. 汽车配件销售员在向客户介绍商品质量保修规定时，必须把保修年限、（　　）、费用承担等客户十分关心的问题讲清楚。

A. 保修日期　　B. 付款方式　　C. 承保范围　　D. 争议处理

30. 汽车配件销售员在售货过程中的咨询服务内容有：介绍商品的质量、（　　）、商品使用及保养方法、商品生产工艺及向消费者提供市场信息。

A. 质量保证　　B. 付款内容　　C. 商品特点　　D. 工艺高低

31. 汽车配件销售员现场解答消费者提问的服务方式称为（　　）。

A. 信函咨询　　B. 电话咨询　　C. 上门咨询　　D. 现场咨询

32. 汽车配件销售员在提供各种咨询服务时要热情周到，应能为消费者解决（　　）。

A. 消费问题　　B. 经济问题　　C. 实际问题　　D. 现实问题

33. 一般售给用户的车辆，按当时的技术水平，在其材料和制造质量均无缺陷，质量担保期从（　　）之日起算，为期12个月，公里数不计。

A. 购车款付清　　B. 领取行车证　　C. 取得牌照　　D. 取得车辆

34. 对（　　）的投诉不是一般客户投诉的内容。

A. 商品　　B. 商场服务　　C. 货物运输　　D. 生产厂商

35. 客户投诉的内容可分为商品投诉、商场环境投诉和（　　）投诉。

A. 商场服务　　B. 商场位置　　C. 价格　　D. 商场制度

36. 对于客户投诉，相关部门应通力合作、迅速作出反应，力争在最短的时间里处理好问题的原则称为（　　）原则。

A. 留档分析　　B. 有章可循　　C. 及时处理　　D. 分清责任

37. 处理客户投诉的程序是（　　）。

A. 记录投诉内容→判断投诉是否成立→确定投诉处理的责任部门

B. 记录投诉内容→确定投诉处理的责任部门→判断投诉是否成立

C. 确定投诉处理的责任部门→记录投诉内容→判断投诉是否成立

D. 确定投诉处理的责任部门→判断投诉是否成立→记录投诉内容

38. 根据客户投诉的内容，确定相关的（　　）。

A. 具体受理部门及其负责人　　B. 上级部门及其负责人

C. 涉及到的部门及其负责人　　D. 客户的上级部门及其负责人

39. 在销售过程中，主要是通过（　　）逐渐弄清客户意图并引导其购买商品。

A. 测试和交谈　　B. 观察和测试　　C. 观察和实验　　D. 观察和交谈

40. 下列属于成交信号表现形式的是（　　）。

A. 顾客对产品爱理不理　　B. 顾客主动出示有关商品的情报和资料

C. 顾客随便看看　　D. 顾客对商品比较感兴趣

41. 下列属于成交信号表现形式的是（　　）。

A. 顾客对产品爱理不理　　B. 顾客靠近销售员

C. 顾客随便看看　　D. 顾客对商品比较感兴趣

42. （　　）的交易可以采用口头合同的形式。

A. 金额比较大　　B. 履行期长　　C. 不能即时结清　　D. 金额较小

43. 用电话交谈方式而确定相互权利义务关系的协议称为（　　）。

A. 口头合同　　B. 交易合同　　C. 书面合同　　D. 购销合同

44. 对于有形商品的购销合同，其质量是指标的的（　　）、化学、机械、生物等性质。

A. 物理　　B. 力学性能　　C. 工艺性能　　D. 材料型号

45. 计算货款的基本要求是一准、二（　　）、三清。

A. 对　　B. 慢　　C. 亮　　D. 快

46. 为了避免误会，计价过程都要（　　）进行。

A. 在财务室　　B. 在柜台前　　C. 当着顾客的面　　D. 背对着顾客

47. 下列凭证中，具有法律效力的是（　　）。

A. 发票　　B. 交易情况表　　C. 收据　　D. 销售日报表

48. 作废的原始凭证要加盖“作废”戳记，连同存根一起（　　）。

A. 销毁　　B. 上交相关部门

C. 保存　　D. 撕毁

49. 以下发票的形式中，（　　）不能作为报销凭证。

A. 增值税专用发票　　B. 商品业统一专用发票

C. 信用发票　　D. 汽配门店商业发票

50. 在售货业务结束后，汽配销售员应给顾客出具（　　）。

A. 发票　　B. 凭证　　C. 收据　　D. 清单

51. 柜组核算是对柜组经营活动的有关经济指标给予（　　），用于考核整个柜组或个人的经济效益。

A. 记录且进行简单核算　　B. 记录

C. 进行简单核算　　D. 记录且进行利率核算

52. （　　）不是柜组核算的经济指标。

A. 销售额　　B. 经营品种　　C. 利润额　　D. 边际效益

53. 汽车配件销售额是评价柜组经营成果的（　　），是核算其他各项指标的重要依据。

A. 基础指标　　B. 质量指标

C. 库存金额指标　　D. 管理水平指标

54. 汽配商品在生产、储运、销售过程中出现的蒸发、锯割、变质、裂漏等所造成的损失部分都属于（　　）。

A. 正常损耗　　B. 损坏　　C. 差错　　D. 消耗

55. 正常损耗是指非人为因素所造成的，即不可避免的（　　）的损耗。

A. 一定限度之内　　B. 一定限度之外

C. 无限度　　D. 差错范围内

56. 对于同城结算的客户，以办完（　　）为准来填写汽车配件销货日报表中的年、月、日。

A. 委托银行收款手续之日　　B. 开出发票之日
C. 对方银行拨款之日　　D. 取得现金或支票

57. 在汽车配件产品的性能、质量和价格逐渐趋于一致时，市场竞争的焦点逐渐向产品的（　　）方面转移。

A. 售前服务　　B. 售中服务　　C. 售后服务　　D. 咨询服务

58. 为客户送货属于（　　）服务。

A. 售前　　B. 售后　　C. 售中　　D. 咨询

售后服务概述

一、判断题（将判断结果填入括号中。正确的填“√”，错误的填“×”）

1. 汽车配件销售按客户的诚信度分类，可分为政府机构、汽车修理厂、专业运输单位、普通公司、个人客户、商业伙伴等。（　　）
2. 对于有形商品，其质量是指标的的物理、化学、机械、生物等性质。（　　）
3. 汽车配件销售员与客户建立长久感情，最好的办法是与客户保持经常性的联系。（　　）
4. 汽车配件销售员在计算货款时，计价的整个过程都不应该让顾客看到。（　　）
5. 原始凭证是根据经济业务活动的执行和完成情况来填制的，但是不具有法律效力。（　　）
6. 与客户保持联系时，对于一般往来客户可定期或不定期召开座谈会。（　　）
7. 发票是原始凭证，必须正确填写，若出现填错等现象，可以小心涂改。（　　）
8. 柜组核算用于考核整个柜组或个人的经济效益。（　　）
9. 发放会员卡、贵宾卡，并建立一整套相应的管理制度也是建立客户档案的一种方式。（　　）
10. 建立客户档案的目的在于及时与客户联系，了解客户的要求并对其作出答复。（　　）
11. 差错是可以避免的，而正常损耗是不可或者很难避免的。（　　）

12. 汽车配件销货日报表内的货号、货名、数量、单位、单价、金额必须填写清晰准确。（　）

13. 在汽车运行中，自然磨损而失效的零件属于消耗件。（　）

14. 按国家标准设计与制造的零件属于基础件。（　）

15. 曲轴、缸体、缸盖在汽车使用全寿命内是不允许损坏的保安件。（　）

16. 汽车维护的基本任务是消除故障和损坏，恢复车辆的工作能力和完好状况。（　）

17. 车辆维护分为日常维护、一级维护、二级维护和三级维护。（　）

18. 车辆的一级维护除执行日常维护作业外，以检查、调整为主。（　）

19. 二级车辆维护不需要占用车辆一定的运行时间。（　）

20. 二级维护属于定期非强制性维护作业。（　）

21. 汽配商店除了要严把进货关外，还要认真执行商场的“三包”服务，即包换、包赔、包退。（　）

22. 转向系统的所有零部件都属于质量保修项目。（　）

二、单项选择题（选择一个正确的答案，将相应的字母填入题内的括号中）

1. 汽车配件销售员对于不同类别的客户要有不同的策略，对（　）要“保持”和“培养”。

A. 基本往来客户　　B. 一般往来客户

C. 普通往来客户　　D. 特殊往来客户

2. 汽车配件销售员对于不同类别的客户要有不同的策略，对一般往来客户采取的策略是（　）。

A. 优先成交、价格优惠　　B. 保持和培养

C. 加强联系、积极争取　　D. 节约时间、放弃联系

3. 与客户保持联系的常用方法是经常翻阅客户档案，然后通过（　）方式联系。

A. 发信函　　B. 电话　　C. 座谈会　　D. 发电子邮件

4. 定期或不定期召开客户座谈会、在节日之际邮寄贺卡或礼品、邀请参加本企业的一些庆典或文化娱乐活动等与客户联系时，优先考虑的是（　）。

A. 基本往来客户　　B. 一般往来客户

C. 普通往来客户　　　　D. 特殊往来客户

5. 汽车配件销售员与客户联络时表现出热心、真诚、理解，这些有利于（　　）。

A. 得到客户的正确信息

B. 取得客户的信任

C. 得到客户的正确信息和取得客户的信任

D. 培养客户的兴趣

6. 汽车配件销售员与客户联系时多向客户提出问题，有利于（　　）。

A. 确保完全理解客户的需求　　　　B. 让客户成为本公司的会员

C. 确保销售员的销售业绩　　　　D. 培养客户的兴趣

7. 客户档案的主要内容为客户名称、地址、邮政编码、（　　）

A. 联系电话　　B. 家庭状况　　C. 员工数　　D. 上级主管

8. 对汽车配件销售的客户档案查阅、改动必须（　　）。

A. 遵循有关规章制度　　　　B. 得到经理批准

C. 得到主管同意　　　　D. 得到专管员同意

9. 汽车配件销售的客户档案内容的增减与变动必须及时由（　　）进行。

A. 销售员　　B. 部门经理　　C. 部门主管　　D. 专管员

10. 在汽车运行中，自然老化、失效和到期必须更换的零件属于（　　）。

A. 消耗件　　B. 易损件　　C. 维修零件　　D. 肇事件

11. 轮胎、蓄电池、电器零件、各种滤芯在汽车维修中都是（　　）。

A. 易损件　　B. 消耗件　　C. 维修零件　　D. 肇事件

12. 轮毂、制动鼓、制动盘、制动蹄等在汽车维修中都是（　　）。

A. 基础件　　B. 肇事件　　C. 易损件　　D. 标准件

13. 汽车在一定运行周期内必须更换的零件属于（　　）。

A. 消耗件　　B. 易损件　　C. 维修零件　　D. 肇事件

14. 保安紧固件、转向节、半轴套管等在一定使用寿命中必须更换的零件在汽车维修中都是（　　）。

A. 基础件　　B. 肇事件　　C. 维修件　　D. 标准件

15. 按国家标准设计与制造的零件属于（　　）。

A. 基础件　　B. 标准件　　C. 保安件　　D. 优质件

16. 按（　　）标准设计与制造的零件属于标准件。

A. 企业　　B. 行业　　C. 国家　　D. 国际

17. （　　）是指在汽车使用全寿命内不允许损坏的零件。

A. 基础件　　B. 肇事件　　C. 保安件　　D. 标准件

18. 车窗玻璃、传动轴、水箱等在汽车维修中都是（　　）。

A. 消耗件　　B. 易损件　　C. 肇事件　　D. 基础件

19. （　　）在汽车维修中是肇事件。

A. 缸体　　B. 水箱　　C. 轮胎　　D. 制动盘

20. 在汽车的整个使用期内，其使用、维护和修理费用，约为汽车原值的（　　）倍。

A. 2～3　　B. 3～4　　C. 4～6　　D. 6～7

21. 在（　　）期间，汽车的活塞等易损件、消耗件的消耗量急剧上升。

A. 正常运行　　B. 使用故障　　C. 中修　　D. 大修

22. 我国现行的汽车维修制度属于（　　）维修制度。

A. 计划预防　　B. 计划强制　　C. 自愿预防　　D. 视情修理

23. 汽车的（　　）维护，作业的核心内容是清洁、补给和安全检视。

A. 日常　　B. 一级　　C. 一级与二级　　D. 二级

24. 汽车的日常维护由（　　）在每日出车前、行驶中和收车后进行。

A. 驾驶员　　B. 专业修理工　　C. 专门人员　　D. 调度员

25. 汽车维修的（　　）维护，由专业维修工负责执行。

A. 日常　　B. 一级　　C. 一级与二级　　D. 二级

26. 汽车的一级维护，以（　　）为主，并检查有关制动、操纵等安全部件，保证车辆的正常运行状况。

A. 清洁　　B. 润滑

C. 清洁、润滑、紧固　　D. 检查与调整

27. 车辆维修按作业范围可分为车辆大修、（　　）、车辆小修和零件修理。

A. 总成小修　　B. 总成大修　　C. 中修　　D. 大修

28. 汽车的（　　）维护，要拆检轮胎，进行轮胎换位，进行检测诊断和技术评定等。

A. 日常　　B. 二级　　C. 一级　　D. 一级与二级

29. 车辆的质量担保期一般从首次领取车辆行驶证或（　　）之日开始。

A. 开具购车发票　　B. 办理汽车保险

C. 办理车辆牌照　　D. 领取车辆

30. 国内汽车生产商都各自规定了产品质量问题索赔期，一般为（　　）年。

A. 1～2　　B. 1　　C. 2　　D. 3

31. 汽车制造厂家规定，由于车辆索赔造成的用户在时间、精神、物质等方面的间接损失，厂家一般（　　）赔偿。

A. 负责　　B. 不负责　　C. 不一定　　D. 一定

32. 申请索赔的车辆交维修站的（　　）检查鉴定。

A. 索赔员　　B. 业务接待员　　C. 维修员　　D. 销售员

33. 需要申请索赔的汽车质量保修项目必须填写（　　）。

A. 索赔申请单　　B. 保险单　　C. 车辆保修单　　D. 客户资料卡

日常进货管理

一、判断题（将判断结果填入括号中。正确的填“√”，错误的填“×”）

1. 汽车发动机总成超过 2 500 元人民币，不属于质量保修项目。（　　）

2. 商品流通包括采购、运输、储存和再生产（消费）四个环节。（　　）

3. 采购人员应对名牌的汽车配件生产厂家的产品十分了解，并定期对其产品进行抽检。（　　）

4. “三无”产品未必是假冒、伪劣配件产品。（　　）

5. 顾客辨别假冒伪劣产品可以看包装上的商标、厂址、等级和防伪标识是否真实。（　　）

6. 汽车配件的进货一般有向汽车配件生产企业进货和向其批发企业进货两种，因此进

货凭证也分为两种。（　　）

7. 从省内、外购进的汽车配件常遇到的两种情况是：一种是货到单未到，另一种是单到款未到。（　　）

8. 收货单位对入库配件进行验收，有利于提高供应商的供货质量和服务水平。（　　）

9. 收货单是收货单位向外提出索赔、退货、换货的依据。（　　）

10. 配件入库时对货物的初检，就是检查外包装标识和包装完好情况。（　　）

11. 根据企业对产品质量要求的标准，对汽车配件进行入库验收。（　　）

12. 接收配件进行验收前要熟悉各项验收凭证、资料和有关验收要求，掌握汽车配件的到达时间、地点、品种、数量等，做到心中有数。（　　）

13. 在整理、核实、查对配件入库验收凭证中，如果发现证件不齐或不符等情况，应与货主、提供单位、承运单位和有关业务部门及时联系解决。（　　）

14. 当商品入库初检交接后，应将商品置于待检区域，等待验收。（　　）

15. 仓库就是用来销售、储存和保管物资的场所。（　　）

二、单项选择题（选择一个正确的答案，将相应的字母填入题内的括号中）

1. 汽车质量保修申请单上的“行驶里程”栏，必须填写保修车辆（　　）。

A. 里程表上的所有数字　　B. 里程表上的整公里数

C. 里程表上的小数部分　　D. 里程表上个位数字

2. 进货也称为购进，它是流通企业的（　　）工作环节。

A. 第一个　　B. 第二个　　C. 第三个　　D. 最后

3. 从企业经营的角度看，汽配流通企业的目的是（　　）。

A. 购进　　B. 销售

C. 销售并获得利润　　D. 保管

4. （　　）关系到汽配销售企业的经营大计。

A. 企业的选址　　B. 配件质量优劣

C. 销售人员技巧　　D. 售后服务优劣

5. “三无”产品是指在产品外包装或说明书上没有生产地址、（　　）、生产日期的产品。

A. 保质期　　B. 生产地址　　C. 配料成分　　D. 使用方法

6. （　　）一定是假冒、伪劣产品。

A. “三无”产品　　B. 名牌产品

C. 质量信得过产品　　D. 小厂产品

7. （　　）一定是假冒、伪劣产品。

A. 小厂产品　　B. 名牌产品

C. 质量信得过产品　　D. 生产厂家的次品

8. 发电机、分电器、喷油泵等重要的汽车部件，应配有使用说明书、（　　）和检验员章。

A. 外文名称　　B. 合格证　　C. 厂名牌　　D. 注册商标

9. 下列方法中，不是防止假冒、伪劣产品应采取的方法是（　　）

A. 看商标标识是否齐全　　B. 仅购买便宜配件

C. 看配件质量　　D. 看中文说明

10. 从省内、外购进的汽车配件常遇到（　　）时，可由仓库按实际到货验收后，凭随货同行单或实际验收数填制收货单。

A. 货到款未到　　B. 货到单未到

C. 单未到货未到　　D. 单到款未到

11. 汽车配件来源渠道很多，不包括（　　）、协作加工单位、国外进口等。

A. 生产企业　　B. 承运商　　C. 中间商　　D. 调剂市场

12. 商品入库业务不涉及（　　）等当事人的权利和义务。

A. 中间商　　B. 供应商　　C. 承运商　　D. 收货单位

13. （　　）是收货单位向外提出索赔、退货、换货的依据。

A. 收货单　　B. 验收记录　　C. 提货单　　D. 质量保修单

14. 验收就是根据验收依据和凭证，对入库的配件进行（　　）。

A. 审核　　B. 查收　　C. 审核与查收　　D. 检查

15. 配件入库对货物的初检的“点大件”，是指（　　）、箱、件、袋的数量等。

A. 盒　　B. 管　　C. 条　　D. 捆

16. 下列单据中属常见的入库凭证的是（　　）。

A. 出库单　　B. 产品入库单　　C. 货卡　　D. 商品标识

17. 汽车配件验收要根据（　　）对产品质量要求的标准，进行验收。

A. 行业　　B. 国家　　C. 企业　　D. 收货单位

18. 验收的业务程序是（　　）。

A. 验收准备→核对验收单证→实物验收

B. 验收准备→实物验收→核对验收单证

C. 实物验收→核对验收单证→验收准备

D. 核对验收单证→验收准备→实物验收

19. 进口配件或存货单位要求对配件进行质量检验时，要预先通知商检部门或（　　）到库进行质量检测。

A. 采购部门　　B. 发货部门　　C. 检验部门　　D. 收货部门

20. 接收配件进行验收前要掌握汽车配件的（　　）等，做到心中有数。

A. 到达时间、地点、品种和数量　　B. 到达地点

C. 商品品种　　D. 商品的数量

21. 配件入库核对验收的单证包括：商品入库通知单、（　　）、供货单位提供的质量证明书或合格证、装箱单或磅码单、检验单及发货明细账、运输单位提供的运单及普通或商务记录等。

A. 订货合同　　B. 运输合同　　C. 订货意向书　　D. 库存单

22. 配件入库核对供货单位提供的验收凭证，包括质量保证书、（　　）、码单、说明书、保修卡、合格证等。

A. 订货合同　　B. 运输合同　　C. 订货意向书　　D. 装箱单

23. 审核验收依据包括业务主管部门或货主提供的（　　）、订货合同、协议书等。

A. 发货单　　B. 发料单　　C. 退货单　　D. 收货单

24. 当商品入库交接后，仓库管理员要及时进行（　　）及精度验收，并进行质量送检。

A. 重量　　B. 数量

C. 质量、数量、重量　　D. 质量

汽车配件的保管

一、判断题（将判断结果填入括号中。正确的填“√”，错误的填“×”）

1. 配件仓库储存的配件品种规格繁多，进出频繁，各种自然条件不断变化，易造成库存商品数量和质量变化。（　）

2. 仓储配件的数量检查，就是查商品的数量是否准确。（　）

3. 检查库内温湿度是否符合要求、库房内外是否清洁卫生，这属于保管条件检查。（　）

4. 检查保管条件是否与各种商品的保管要求相符合，属于安全检查。（　）

5. 汽车配件库房的出入库管理制度因企业的规模、经营范围的不同而不同，其基本内容大同小异。（　）

6. 商品验收是仓储业务过程的最后一道工序。（　）

7. 配件出库的凭证手续既要符合制度上的严密性，又要力求简便易行；既便于经营，又有利于仓库管理。（　）

8. 对外销售配件企业仓库的进出库凭证常用的有送货单和退货单。（　）

9. 出库凭证上的字迹必须清楚，无涂改，提货日期可以逾期。（　）

10. 零售企业内部配件商品的调拨，可能使企业内部库存总额发生增减变化。（　）

11. 对于汽配的贵重商品，只要专储，不需要指定专人保管。（　）

12. 储存周期不长、进出量较大的中转仓库或转运仓库，适合按商品种类和性质进行分区分类储存汽配商品。（　）

13. 消防灭火方法不同的商品可以在一起储存。（　）

14. 汽车配件的分区，一般分为按品种系列顺序分库集中存放、按车型系列分库存放两种情况。（　）

15. 汽车配件仓库与货场货物编号时，不需要在数码后面分别加“库”“场”字样。（　）

16. 用于堆放整件的零星汽车配件用的砖木或型钢制作的货架，其编号一般从属于段位

编号，只要在段位号末加注“上”“中”“下”字样即可。 （ ）

17. 妥善的堆码、苫垫是确保商品质量和提高仓库利用率的必要措施。 （ ）

18. 商品堆码是根据商品的外形特征和保管要求，结合仓库设备条件，将商品（或货物）按一定规律堆成各种形状货垛的方法。 （ ）

19. 库内堆码时，货垛应在墙基线和柱基线以外，垛底不一定要垫高。 （ ）

20. 商品堆码要合理，垛形必须适合商品性质特点，便于货物保管保养。 （ ）

21. 货物堆码要求货物沿走道、支道画线堆码，排列整齐、有序、清洁、美观。（ ）

22. 货垛不可阻塞通道或堆成死垛，便于汽车配件出入库的操作。 （ ）

23. 能彻底查清库存数量上已有的或隐藏、潜在的差错事故的措施是盘点。 （ ）

24. 商品盘点时发现汽车配件霉烂、变质、残损等情况，可将此配件丢弃。 （ ）

25. 日常盘点是定期盘点，是保证库存商品账、货、卡相符的基本方法。 （ ）

26. 定期盘点又称永续性盘点。 （ ）

27. 循环盘点法是指按照商品入库的先后顺序，不论是否发生过进出业务，有计划地循环进行盘点的一种方法。 （ ）

28. 重点盘点时，由于品种多、数量大，每次盘点都要花费很大力量。 （ ）

29. 捆扎包装错误是使盘点结果出现数量短缺的常见原因。 （ ）

30. 为了便于盘点工作的迅速进行，盘点人员对盘点单自行编号。 （ ）

二、单项选择题（选择一个正确的答案，将相应的字母填入题内的括号中）

1. （ ）就是用于储存和保管物资的场所。

A. 货架　　B. 仓库　　C. 商场　　D. 物流部

2. 对仓库储存物资的（ ）就叫做仓库管理。

A. 合理保管　　B. 科学管理

C. 合理保管和科学管理　　D. 收、发货

3. 建立（ ）就是对配件出入库凭证和技术资料进行分类归档保存。

A. 配件商品档案　　B. 货卡

C. 运输标志　　D. 发票存根

4. 建立配件商品档案应（ ）。

A. 一物一档　　B. 一物多档　　C. 多物一档　　D. 同类物一档

5. 必须经常和定期地对仓库里的配件进行查（　　）、查数量、查保管条件、查计量工具、查安全等全面的检查工作。

A. 用途　　B. 标识卡　　C. 质量　　D. 资金

6. 配件仓储中的查数量是查实物与账卡的记载是否准确，核对（　　）是否一致。

A. 账　　B. 账、卡、物　　C. 卡　　D. 物

7. 配件仓储中的查（　　）是查实物与账卡的记载是否准确，核对账、卡、物是否一致。

A. 用途　　B. 标识卡　　C. 货卡　　D. 数量

8. 汽车配件仓储中，检查配件有无超过保管期限和长期积压现象，这属于（　　）检查。

A. 质量　　B. 数量　　C. 保管条件　　D. 计量工具

9. 汽车配件仓储中，（　　）就是查配件有无超过保管期限和长期积压现象，查在库配件质量有无变化等。

A. 质量检查　　B. 数量检查

C. 保管条件检查　　D. 计量工具检查

10. 检查库房是否漏水、场地是否积水，这属于（　　）检查。

A. 质量　　B. 保管条件　　C. 计量工具　　D. 数量

11. 配件仓储的检查中，（　　）检查是检查计量器具和工具使用和养护是否合理。

A. 计量工具　　B. 数量　　C. 保管条件　　D. 质量

12. 检查汽配仓库里的各种安全措施、消防设备和器材是否符合安全要求，这属于汽配仓储的（　　）检查。

A. 质量　　B. 数量　　C. 安全　　D. 计量工具

13. 仓储配件检查对超过保管期或没有超过保管期，但质量要求不能继续存放的，应（　　）。

A. 提出改进措施　　B. 通知货主及时处理

C. 更改保管期　　D. 丢弃货物

14. 商品有变质迹象或发生变质时，应（　　），且查明原因，提出改进措施。

A. 按维护保养要求处理　　B. 通知货主及时处理

C. 更改保管期　　D. 丢弃货物

15. 汽车配件出入库管理中需要设置专人管理，主要负责物品的验收、入库、保养和（　　）工作。

A. 采购　　B. 销售　　C. 退货　　D. 出库

16. 商品（　　）是仓储业务过程的最后一道工序。

A. 入库　　B. 出库　　C. 验收　　D. 保养

17. 商品出库是仓库根据（　　）部门开出的相关凭证，组织商品出库、发货的一系列工作的总称。

A. 销售　　B. 采购　　C. 批发　　D. 销售或批发

18. 汽车配件出库应贯彻（　　）“单据手续齐全”“节约用料”的原则。

A. “先进后出、推陈储新”　　B. “先进先出、储陈推新”

C. “后进先出、推陈储新”　　D. “先进先出、推陈储新”

19. 商品出库无论采取何种形式，都必须按照商品出库制度办事，贯彻（　　）原则。

A. 先进后出　　B. 储陈推新　　C. 节约用料　　D. 白条

20. 所有的汽配商品出库都必须有一定的（　　）。

A. 凭证手续　　B. 制度　　C. 入库单　　D. 领导签字

21. 对外销售配件企业仓库的进出库凭证常用的有：出货单和（　　）。

A. 退货单　　B. 代运单　　C. 送货单　　D. 领料单

22.（　　）不是对外销售配件企业仓库的进出库凭证。

A. 出货单　　B. 退货单或出货单

C. 退货单　　D. 领料单

23. 企业内部配件商品出库领料单上的（　　）必须由领用人签字。

A. 财务部门主管　　B. 领料部门主管

C. 领料　　D. 发料

24. 企业内部配件商品出库领料单上的“名称及规格”“请领数量”（　　）等栏必须如

实填写。

A. “实领数量”　B. “编号”　C. “用途”　D. “总值”

25. 对自提商品出库，还需检查有无（　　）准许发货的签章。

A. 财务部门　B. 仓库人员　C. 单位领导　D. 主管领导

26. 商品（　　）是企业各营业柜、门市等非独立核算部门之间为了调剂商品余缺或花色品种而对商品的相互转移。

A. 发货　B. 内部调拨　C. 退货　D. 领料

27. 商品在企业内部调拨时，由业务部门填制一式数联的（　　）。

A. 退货单　B. 商品内部调拨单

C. 送货单　D. 领料单

28. 商品分区、分类的管理方法，大致有按（　　）、按商品发往地区、按商品危险性质三种。

A. 商品种类和性质　B. 商品发运时间

C. 库房的空间利用　D. 商品作业的方便

29. 商品分区、分类的管理方法，大致有按商品种类和性质、按（　　）、按商品危险性质三种。

A. 库房的空间利用　B. 商品发运时间

C. 商品发往地区　D. 商品作业的方便

30. 贵重商品最易采用（　　）仓储方法，还要指定专人保管。

A. 单一货物专仓　B. 分类分区

C. 同类同区　D. 分类同区

31. 按商品发往地区进行分区分类仓储汽配商品，具体做法是：商品按（　　）。

A. 交通工具划分，再按到达站或港口的路线划分

B. 到达站、港口的路线划分，再按交通工具划分

C. 商品种类和性质

D. 商品作业的方便

32. 按商品发往地区进行分区分类仓储汽配商品时，虽然不分商品种类，但对（　　），

也应分别存放。

A. 危险品　　B. 性能相互抵触的商品
C. 危险品及性能相互抵触的商品　　D. 一般配件商品

33. 危险品仓库是根据商品本身具有不同程度的（　　）等特性进行的分区分类。

A. 易燃　　B. 易爆
C. 有害　　D. 易燃、易爆、有害

34. 根据危险品本身具有不同程度的易燃、易爆、毒害等特性进行分区分类储存，以免相互接触而发生（　　）等反应。

A. 燃烧、爆炸　　B. 燃烧　　C. 爆炸　　D. 污染

35. 笨重长大的汽车配件不宜放在（　　）部位。

A. 靠近库门　　B. 靠近窗户　　C. 靠近墙面　　D. 库房深处

36. 汽车配件的分区分类应贯彻“安全、方便、（　　）”的原则。

A. 美观　　B. 可靠　　C. 节约　　D. 齐全

37. 汽车配件的分区分类应贯彻“安全、节约、（　　）”的原则。

A. 美观　　B. 可靠　　C. 齐全　　D. 方便

38. 汽车配件整个仓库的编号，要根据仓库建筑、结构和（　　）来安排。

A. 高度　　B. 面积　　C. 布局　　D. 整洁

39. 汽车配件整个仓库的编号，要根据仓库建筑、（　　）和布局来安排。

A. 高度　　B. 面积　　C. 结构　　D. 整洁

40. 汽配仓储货场编号可以按进入仓库正门前进的方向，再按（　　）分别编为大众汽车配件库、通用汽车配件库等。

A. 汽车配件类别　　B. 自左至右
C. 右单左双　　D. 右单左双

41. 5 号库 6 货位 2 段中层货架，可写为（　　），就可按号找货。

A. 5—6—2 中　　B. 6—5—2 中　　C. 中 2—5—6　　D. 5—2—6 中

42. 5 号库房 1 货位 3 段，可写为（　　）。

A. 3—1—5　　B. 5—1—3　　C. 5—3/1　　D. 5—1/3

43. 货位编号是汽车配件在库的“地址”，标志必须（　　）。

A. 明显　　B. 清楚

C. 统一编制　　D. 明显、清楚且统一编制

44. 在库的汽车配件若变动了存放位置，保管员应填制（　　），将汽车配件转移货位通知做账人员。

A. 内部调拨通知单　　B. 内部汽车配件倒垛通知单

C. 领料单　　D. 出库通知单

45. 商品验收入库，根据仓库储存规划确定货位后，即应进行（　　）。

A. 堆码　　B. 苫垫　　C. 堆码或苫垫　　D. 安全摆放

46. （　　）是指商品堆垛操作方式、方法的总称。

A. 堆码　　B. 苫垫　　C. 编写货号　　D. 仓库编号

47. 合理的堆码能提高仓库的利用率，便于商品的（　　）。

A. 保管　　B. 收发　　C. 保管和收发　　D. 保养

48. 商品的数量、质量已彻底查清，且（　　）可以进行正式堆垛。

A. 包装完好、标识清楚　　B. 外表沾污

C. 受潮、锈蚀　　D. 质量不合格

49. 为便于机械化操作，对（　　）等，在堆码前该打捆的应打捆。

A. 金属材料　　B. 易破损　　C. 非金属制品　　D. 易挥发物品

50. 货棚内堆码，棚内地坪应高于棚外地面，最好铺垫（　　）。

A. 砂石并夯实　　B. 泥土　　C. 砂石　　D. 夯实

51. 堆码的技术要求为合理、（　　）、定量、整齐及节省。

A. 方便　　B. 牢固　　C. 定位　　D. 美观

52. 商品堆码合理是指垛形必须适合商品性质特点，便于货物保管保养，并有利于货物的（　　）。

A. 先进先出　　B. 先进后出　　C. 后进先出　　D. 进出方便

53. 堆码货物不得超出库房的有效面积范围，其重量不得超过（　　），高度不得超出可用高度。

A. 地坪最大承压能力　　B. 地坪承压能力

C. 房顶最大承压能力　　D. 房层最大承压能力

54. 商品堆码采用“五五化”，使码成（　　）的倍数，便于记数和发货。

A. 5　　B. 10　　C. 15　　D. 25

55. 货物堆码技术要求中，（　　）是指堆码货物要节省货位，提高仓库利用率，减少作业环节，提高作业效率。

A. 合理　　B. 定量　　C. 整齐　　D. 节省

56. 配件仓库的堆码严禁超载，即不许货垛重量超过（　　）的设计负重。

A. 仓库地面　　B. 货架结构

C. 仓库地面或货架结构　　D. 配件

57. 汽车配件的堆码，首先要保证（　　）的安全。

A. 人身　　B. 汽配商品

C. 仓库　　D. 人身、汽配商品与仓库

58. 对库存的全部商品数量进行仔细核对，清点实存数，查对账面数的业务活动是（　　）

A. 商品入库　　B. 商品盘点　　C. 商品验收　　D. 商品检验

59. 商品盘点就是对库存的（　　）数量进行仔细核对，清点实存数，查对账面数的业务活动。

A. 全部商品　　B. 部分商品　　C. 有问题的商品　　D. 新进商品

60. 通过盘点能彻底查清库存数量上已有的或（　　）的差错事故。

A. 隐藏　　B. 潜在　　C. 隐藏与潜在　　D. 过去

61. 仓库盘点的内容包括（　　）、盘点重量、核对账与货、账与账的核对。

A. 盘点质量　　B. 盘点资料　　C. 盘点数量　　D. 安全

62. 仓库盘点的内容包括盘点数量、盘点重量、核对账与货、（　　）。

A. 盘点质量　　B. 盘点资料　　C. 安全　　D. 账与账的核对

63. 常用的汽车配件盘点方法包括日常盘点、定期盘点、临时盘点、重点盘点和（　　）。

A. 永续性盘点　　B. 静态盘点　　C. 动态盘点　　D. 循环盘点

64. 开展盘点前，对账、卡要核对一次，盘点时必须两人进行，采取（　　）的方法。

A. 以货找账　　B. 以货找货　　C. 以账找货　　D. 以账找账

65. 日常翻仓整垛、移仓、过户分垛后，对新组合的货垛或零散的货垛，安排巡回核对点数，这是日常盘点的（　　）。

A. 动态复核　　B. 巡回核对　　C. 连续核对　　D. 永续核对

66. 由仓库主管领导会同仓库保管员按月、季、年度，对库存商品进行一次全面的清查盘点，称为（　　）。

A. 定期盘点　　B. 循环盘点　　C. 临时盘点　　D. 重点盘点

67. 定期盘点工作量大、检查的内容多，一般把数量盘点、（　　）结合一起进行。

A. 质量检查　　B. 安全检查

C. 质量检查和安全检查　　D. 质量检查和责任检查

68. 发生意外事故（如失窃）或对库房、货垛有疑问时，可以组织有关人员进行（　　）。

A. 定期盘点　　B. 循环盘点　　C. 临时盘点　　D. 重点盘点

69. 当商品突击出、入库时，日常盘点没有及时跟上，在突击出、入库结束后，必须要进行临时性的（　　）盘点。

A. 局部　　B. 全部　　C. 局部或全部　　D. 循环

70. 循环盘点的操作方法是每天、每周（　　）对部分商品进行盘点，到月末或期末则每项商品至少完成一次盘点。

A. 按顺序　　B. 按日期　　C. 按重点　　D. 按要求

71. 对进出动态频率高、易损耗、价值昂贵的配件商品常采用（　　）。

A. 定期盘点　　B. 循环盘点　　C. 临时盘点　　D. 重点盘点

72. 重点盘点是对（　　）的配件商品常采用的盘点方法。

A. 进出动态频率高、易损耗、价值昂贵

B. 进出动态频率高

C. 易损耗、价值昂贵

D. 进出动态频率高、价值昂贵

73. （　　）业务是指针对在仓储管理中合理的商品超过允许损耗范围的业务处理。

A. 报损　　B. 报亏　　C. 报盈　　D. 报盈亏

74. 一般情况下的（　　）业务，保管员应承担一定的经济责任。

A. 报损　　B. 报亏　　C. 报盈　　D. 报盈亏

75. 商品入库登账卡时看错数字、（　　）、捆扎包装错误等都是使盘点结果发生盈亏的常见原因。

A. 收发商品未予过账　　B. 盘点工作计数的错误

C. 商品未入库　　D. 商品特性发生挥发

76. （　　）是盘点实际库存数的原始记录，而后凭其与商品账、卡核对，检查盘点有无遗漏。

A. 盘点单　　B. 报亏表　　C. 报盈表　　D. 报盈亏表

77. 经统一编号的盘点单，在盘点后按（　　）全部收回，以防最后计算上的疏漏。

A. 编号和发出数　　B. 编号

C. 发出数　　D. 盘点人员

第4部分

操作技能复习题

常用配件与车标识别

一、选择汽车发动机类的配件（试题代码[①]：1.1.1；规定用时：3 min）

1. 试题单

（1）操作条件

1）标准教室一间。

2）汽车配件图片24张。

① 试题代码表示该试题在操作技能考核方案表格中的所属位置。左起第一位表示项目号，第二位表示单元号，第三位表示在该项目、单元下的第几个试题。

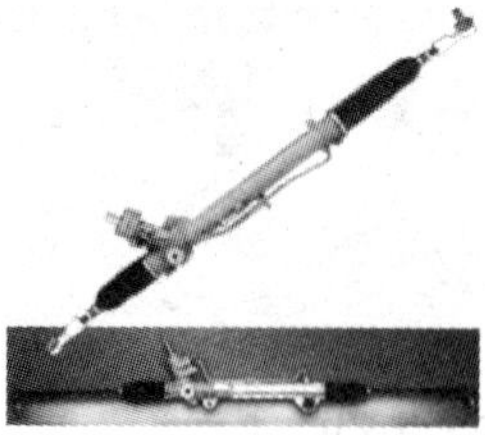

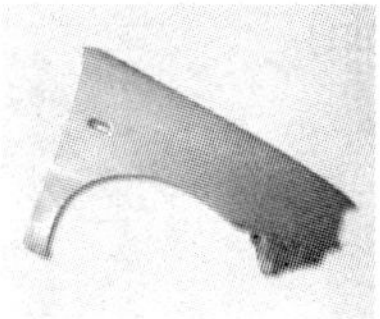

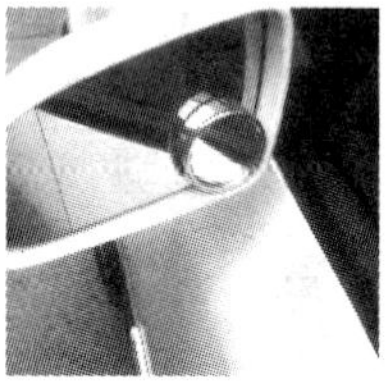
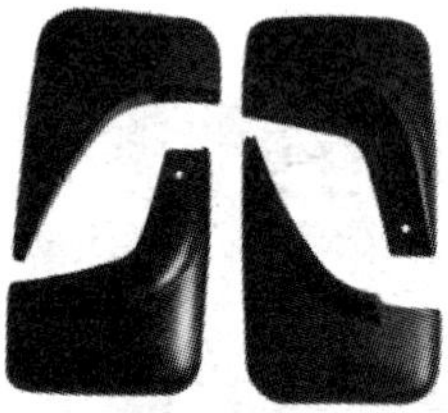

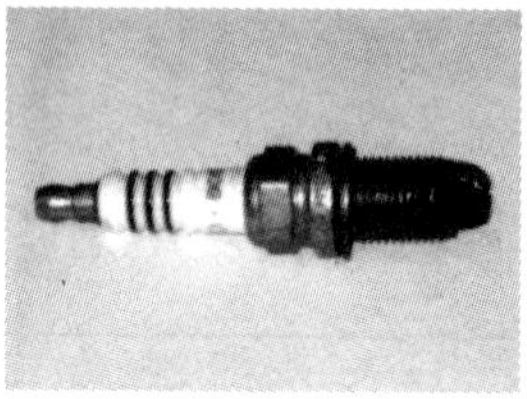

（2）操作内容

1）从 24 张配件图片中选出发动机类的图片。

2）指出所选配件图片的名称。

（3）操作要求

在规定时间内完成。

2. 评分表及答案

（1）评分表

试题编号及名称		1.1.1　选择汽车发动机类的配件			鉴定时限			3 min		
评价要素		配分	等级	评分细则	评定等级					得分
					A	B	C	D	E	
1	选择正确	10	A	选对 6 张并正确指出名称						
			B	选对 5 张并正确指出名称						
			C	选对 4 张并正确指出名称						
			D	选对 3 张或 3 张以下						
			E	未答题						
合计配分		10	合计得分							

等级	A（优）	B（良）	C（及格）	D（较差）	E（差或未答题）
比值	1.0	0.8	0.6	0.2	0

“评价要素”得分＝配分×等级比值。

（2）参考答案（以下只列出每个汽车配件的名称，未列出汽车配件的类别）

活塞

进气歧管

活塞环

连杆

气门

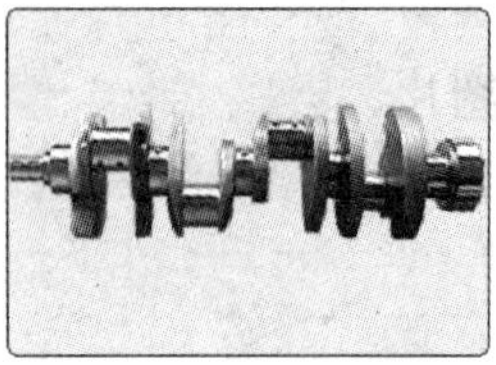

曲轴

离合器

钢圈

传动轴

减震器

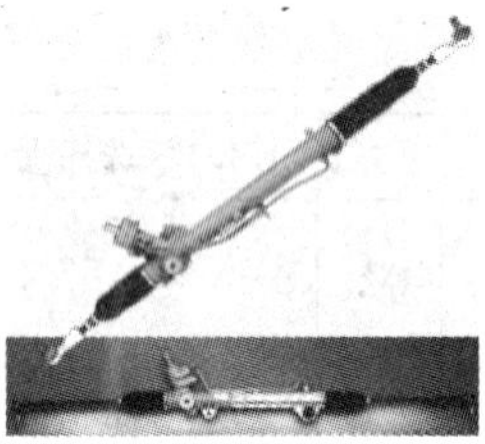

转向器

盘式制动器

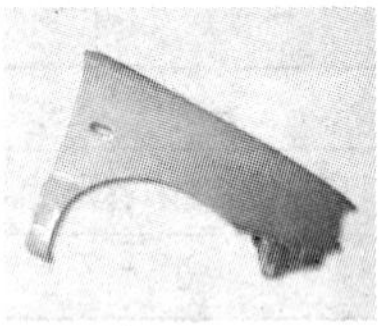

翼子板

车门

引擎盖

保险杠

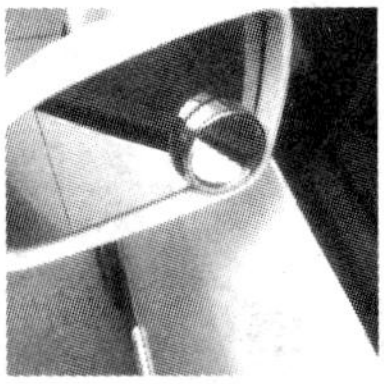

后视镜

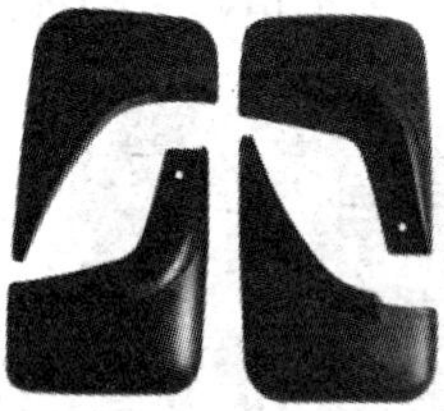

挡泥板

起动机

继电器

蓄电池

发电机

分电器

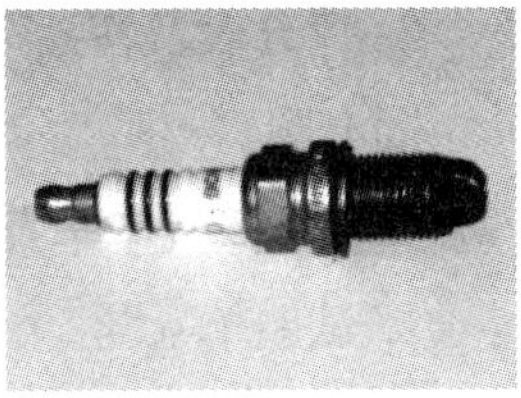

火花塞

二、选择汽车底盘类的配件（试题代码：1.1.2；规定用时：3 min）

1. 试题单

（1）操作条件

1）标准教室一间。

2）汽车配件图片 24 张（同上题）。

（2）操作内容

1）从 24 张配件图片中选出底盘类的图片。

2）指出所选配件图片的名称。

（3）操作要求

在规定时间内完成。

2. 评分表及答案

同上题。

三、选择汽车电器类的配件（试题代码：1.1.3；规定用时：3 min）

1. 试题单

（1）操作条件

1）标准教室一间。

2）汽车配件图片 24 张（同上题）。

（2）操作内容

1）从 24 张配件图片中选出电器类的图片。

2）指出所选配件图片的名称。

（3）操作要求

在规定时间内完成。

2. 评分表及答案

同上题。

四、选择汽车车身类的配件（试题代码：1.1.4；规定用时：3 min）

1. 试题单

（1）操作条件

1）标准教室一间。

2）汽车配件图片 24 张（同上题）。

（2）操作内容

1）从 24 张配件图片中选出车身类的图片。

2）指出所选配件图片的名称。

（3）操作要求

在规定时间内完成。

2. 评分表及答案

同上题。

五、汽车车标识别（试题代码：1.2.1；规定用时：2 min）

1. 试题单

（1）操作条件

1）标准教室一间。

2）汽车车标图片 25 张。

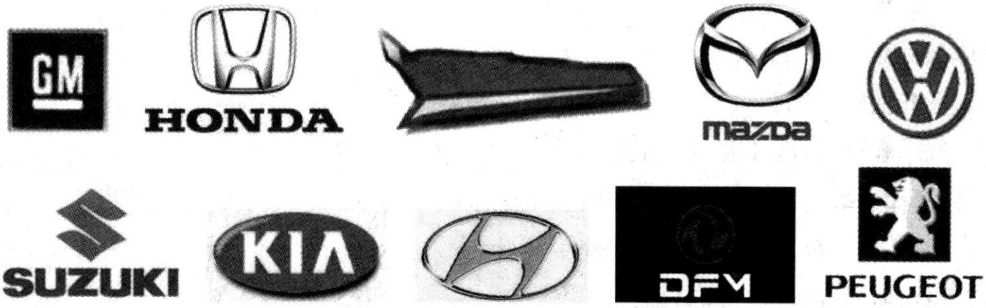

（2）操作内容

随机从 25 张车标图片中抽 5 张指出名称。

（3）操作要求

在规定时间内完成。

2. 评分表及答案

（1）评分表

试题编号及名称		1.2.1 汽车车标识别			鉴定时限		2 min			
评价要素		配分	等级	评分细则	评定等级					得分
					A	B	C	D	E	
1	选择正确	10	A	全部正确						
			B	4 个正确						
			C	3 个正确						
			D	2 个及以下正确						
			E	未答题						
合计配分		10	合计得分							

等级	A（优）	B（良）	C（及格）	D（较差）	E（差或未答题）
比值	1.0	0.8	0.6	0.2	0

“评价要素”得分=配分×等级比值。

（2）参考答案

通用（美）　本田（日）　红旗（中）　马自达（日）　大众（德）

铃木（日）　起亚（韩）　现代（韩）　东风（中）　标志（法）

丰田（日）　别克（美）　奥迪（德）　法拉利（意大利）　奇瑞（中）

日产（日）　道奇（美）　一汽（中）　宝马（德）　福特（美）

大宇（韩）　菲亚特（意大利）　金杯（中）　雪佛兰（美）　三菱（日）

六、汽车轮胎识别（试题代码：1.3.1；规定用时：2 min）

1. 试题单

（1）操作条件

1）标准教室一间。

2）汽车轮胎实物 5 条。

（2）操作内容

随机从 5 条轮胎中抽 1 条说出名称、产地及规格。

（3）操作要求

在规定时间内完成。

2. 评分表及答案

（1）评分表

试题编号及名称		1.3.1　汽车轮胎识别			鉴定时限		2 min			
评价要素		配分	等级	评分细则	评定等级					得分
					A	B	C	D	E	
1	汽车轮胎识别	10	A	全部回答正确						
			B	回答错误部分较少						
			C	回答错误部分较多						
			D	回答错误多						
			E	未答题						
合计配分		10	合计得分							

等级	A（优）	B（良）	C（及格）	D（较差）	E（差或未答题）
比值	1.0	0.8	0.6	0.2	0

“评价要素”得分＝配分×等级比值。

（2）参考答案

185/60R14 82H

中国大连

185 表示轮胎胎面宽度（mm）；60 表示扁平比；R 表示子午线结构；14 表示钢圈直径或轮胎内径；82 表示载重系数；H 表示速度等级。

销售实务

一、售前准备（试题代码：2.1.1；规定用时：1 min）

1. 试题单

（1）操作条件

1）标准教室一间。

2）三层立式货架一个。

3）商品及其他用品。

序号	名称	规格	单位	数量	备注
1	货架	三层立式货架	只	1	
2	蓄电池	德尔福、瓦尔塔	只	各 1	
3	润滑油	壳牌特级喜力、美孚 1 号	瓶	各 2	
4	滤清器	富士空气滤清器、机油滤清器、汽油滤清器	只	各 1	
5	计价用品	计算器、圆珠笔、复写纸、发票本		各 1	

（2）操作内容

1）整理货架上陈列的商品。

2）检查、清理货架及周边环境的卫生。

（3）操作要求

1）货品整理要求：分类清楚、排列整齐、货品标价牌清晰。

2）货架整洁无灰尘、无杂物。

3）个人仪容仪表整洁、佩戴营业员标志。

2. 评分表

试题编号及名称		2.1.1　售前准备			鉴定时限			1 min		
评价要素		配分	等级	评分细则	评定等级					得分
					A	B	C	D	E	
1	整理货架上陈列的商品	2	A	商品与商品标识对应无误						
			B	商品与商品标识个别有误						
			C	商品与商品标识 2 个以上有误						
			D	商品与商品标识完全不对应						
			E	未答题						

续表

<table>
<tr><td colspan="2">试题编号及名称</td><td colspan="3">2.1.1　售前准备</td><td colspan="3">鉴定时限</td><td colspan="3">1 min</td></tr>
<tr><td colspan="2" rowspan="2">评价要素</td><td rowspan="2">配分</td><td rowspan="2">等级</td><td rowspan="2">评分细则</td><td colspan="5">评定等级</td><td rowspan="2">得分</td></tr>
<tr><td>A</td><td>B</td><td>C</td><td>D</td><td>E</td></tr>
<tr><td rowspan="5">2</td><td rowspan="5">检查、清理货架及周边环境的卫生</td><td rowspan="5">1</td><td>A</td><td>商品陈列整洁有序、货架整洁无灰尘、无杂物</td><td rowspan="5"></td><td rowspan="5"></td><td rowspan="5"></td><td rowspan="5"></td><td rowspan="5"></td><td rowspan="5"></td></tr>
<tr><td>B</td><td>商品陈列整洁、货架无灰尘</td></tr>
<tr><td>C</td><td>商品陈列整洁</td></tr>
<tr><td>D</td><td>商品陈列无序、货架有灰尘或杂物</td></tr>
<tr><td>E</td><td>未答题</td></tr>
<tr><td rowspan="5">3</td><td rowspan="5">个人仪容仪表检查</td><td rowspan="5">2</td><td>A</td><td>个人仪容仪表整洁，佩戴营业员标志</td><td rowspan="5"></td><td rowspan="5"></td><td rowspan="5"></td><td rowspan="5"></td><td rowspan="5"></td><td rowspan="5"></td></tr>
<tr><td>B</td><td>个人仪容仪表整洁，未佩戴营业员标志</td></tr>
<tr><td>C</td><td>个人仪容仪表基本整洁，佩戴营业员标志</td></tr>
<tr><td>D</td><td>个人仪容仪表不整洁，未佩戴营业员标志</td></tr>
<tr><td>E</td><td>未答题</td></tr>
<tr><td colspan="2">合计配分</td><td>5</td><td colspan="7">合计得分</td><td></td></tr>
</table>

等级	A（优）	B（良）	C（及格）	D（较差）	E（差或未答题）
比值	1.0	0.8	0.6	0.2	0

“评价要素”得分＝配分×等级比值。

二、客户接待（试题代码：2.2.1；规定用时：2.2.1 客户接待、2.3.1 商品介绍合并考核，共计 2 min）

1. 试题单

（1）操作条件

1）标准教室一间。

2）货架。

3）商品及其他用品。

序号	名称	规格	单位	数量	备注
1	货架	三层立式货架	只	1	
2	蓄电池	德尔福、瓦尔塔	只	各 1	
3	润滑油	壳牌特级喜力、美孚 1 号	瓶	各 2	

续表

序号	名称	规格	单位	数量	备注
4	滤清器	富士空气滤清器、机油滤清器、汽油滤清器	只	各1	
5	计价用品	计算器、圆珠笔、复写纸、发票本		各1	

（2）操作内容

1）迎接客户。

2）展示与介绍商品。

3）开票与收款。

4）递交商品与道别。

（3）操作要求

1）站在合适的位置上，有良好的站姿。

2）介绍产品实事求是，态度和气，语言准确。

3）唱收唱付。

4）主动递交商品、示意告别。

2. 评分表

<table>
<tr><td colspan="2">试题编号及名称</td><td colspan="3">2.2.1　接待客户</td><td colspan="3">鉴定时限</td><td colspan="3"></td></tr>
<tr><td colspan="2" rowspan="2">评价要素</td><td rowspan="2">配分</td><td rowspan="2">等级</td><td rowspan="2">评分细则</td><td colspan="5">评定等级</td><td rowspan="2">得分</td></tr>
<tr><td>A</td><td>B</td><td>C</td><td>D</td><td>E</td></tr>
<tr><td rowspan="5">1</td><td rowspan="5">站在合适的位置上，有良好的站姿</td><td rowspan="5">1</td><td>A</td><td>站的位置合理，站姿符合要求</td><td rowspan="5"></td><td rowspan="5"></td><td rowspan="5"></td><td rowspan="5"></td><td rowspan="5"></td><td rowspan="5"></td></tr>
<tr><td>B</td><td>站的位置合理，站姿基本符合要求</td></tr>
<tr><td>C</td><td>站的位置基本合理，站姿基本符合要求</td></tr>
<tr><td>D</td><td>站的位置不合适，站姿不符合要求</td></tr>
<tr><td>E</td><td>未答题</td></tr>
<tr><td rowspan="5">2</td><td rowspan="5">介绍产品实事求是，态度和气，语言准确</td><td rowspan="5">2</td><td>A</td><td>产品介绍熟练，态度和气，使用普通话交流</td><td rowspan="5"></td><td rowspan="5"></td><td rowspan="5"></td><td rowspan="5"></td><td rowspan="5"></td><td rowspan="5"></td></tr>
<tr><td>B</td><td>产品介绍熟练，态度和气</td></tr>
<tr><td>C</td><td>产品介绍部分错误，态度和气，没有使用普通话交流</td></tr>
<tr><td>D</td><td>产品介绍错误，态度冷淡</td></tr>
<tr><td>E</td><td>未答题</td></tr>
</table>

续表

<table>
<tr><td colspan="2">试题编号及名称</td><td colspan="3">2.2.1　接待客户</td><td colspan="5">鉴定时限</td><td></td></tr>
<tr><td colspan="2" rowspan="2">评价要素</td><td rowspan="2">配分</td><td rowspan="2">等级</td><td rowspan="2">评分细则</td><td colspan="5">评定等级</td><td rowspan="2">得分</td></tr>
<tr><td>A</td><td>B</td><td>C</td><td>D</td><td>E</td></tr>
<tr><td rowspan="5">3</td><td rowspan="5">唱收唱付</td><td rowspan="5">1</td><td>A</td><td>声音洪亮，态度和蔼，报价正确</td><td rowspan="5"></td><td rowspan="5"></td><td rowspan="5"></td><td rowspan="5"></td><td rowspan="5"></td><td rowspan="5"></td></tr>
<tr><td>B</td><td>声音小，态度和蔼，报价正确</td></tr>
<tr><td>C</td><td>声音小，态度和蔼，报价部分正确</td></tr>
<tr><td>D</td><td>声音小，语言刻薄，报价错误</td></tr>
<tr><td>E</td><td>未答题</td></tr>
<tr><td rowspan="5">4</td><td rowspan="5">主动递交商品、示意告别</td><td rowspan="5">1</td><td>A</td><td>态度和蔼，主动递交商品及票单，告别词明确</td><td rowspan="5"></td><td rowspan="5"></td><td rowspan="5"></td><td rowspan="5"></td><td rowspan="5"></td><td rowspan="5"></td></tr>
<tr><td>B</td><td>态度和蔼，经提醒递交商品及票单，告别词明确</td></tr>
<tr><td>C</td><td>态度和蔼，经提醒递交商品及票单，告别词使用不当</td></tr>
<tr><td>D</td><td>态度冷淡，经提醒递交商品及票单，没有示意告别</td></tr>
<tr><td>E</td><td>未答题</td></tr>
<tr><td colspan="2">合计配分</td><td>5</td><td colspan="7">合计得分</td><td></td></tr>
</table>

等级	A（优）	B（良）	C（及格）	D（较差）	E（差或未答题）
比值	1.0	0.8	0.6	0.2	0

“评价要素”得分＝配分×等级比值。

三、商品介绍（试题代码：2.3.1；规定用时：2.2.1 客户接待、2.3.1 商品介绍合并考核，共计 2 min）

1. 试题单

(1) 操作条件

1）标准教室一间。

2）三层直立式货架一只。

3）商品。

序号	名称	规格	单位	数量	备注
1	蓄电池	6-WQ-54	只	1	
2	蓄电池	6-WQ--65	只	1	
3	润滑油	API SL10W-40	瓶	1	
4	润滑油	API SM5W-30	瓶	1	
5	滤清器	空气滤清器	只	1	
6	滤清器	机油滤清器	只	1	
7	滤清器	汽油滤清器	只	1	

（2）操作内容

1）对蓄电池的名称、产地、标识等内容进行介绍。

2）对润滑油的名称、产地、标识等内容进行介绍。

3）对三种不同的滤清器进行介绍。

（3）操作要求

1）用普通话介绍商品，声音洪亮、口齿清楚。

2）对商品介绍准确、无误。

2. 评分表及答案

（1）评分表

试题编号及名称		2.3.1　商品介绍			鉴定时限					
评价要素		配分	等级	评分细则	评定等级					得分
					A	B	C	D	E	
1	介绍商品品牌及原产地	4	A	用普通话介绍、口齿清楚、声音洪亮、对商品的品牌、原产地介绍正确						
			B	口齿清楚、声音洪亮、对商品的品牌、原产地介绍正确						
			C	对商品的品牌、原产地介绍正确						
			D	对商品的品牌、原产地介绍不正确						
			E	未答题						

续表

<table>
<tr><td colspan="2">试题编号及名称</td><td colspan="3">2.3.1　商品介绍</td><td colspan="3">鉴定时限</td><td colspan="3"></td></tr>
<tr><td colspan="2" rowspan="2">评价要素</td><td rowspan="2">配分</td><td rowspan="2">等级</td><td rowspan="2">评分细则</td><td colspan="5">评定等级</td><td rowspan="2">得分</td></tr>
<tr><td>A</td><td>B</td><td>C</td><td>D</td><td>E</td></tr>
<tr><td rowspan="5">2</td><td rowspan="5">介绍商品特点或作用</td><td rowspan="5">2</td><td>A</td><td>用普通话介绍、口齿清楚、声音洪亮、对商品的特点或作用介绍正确、清楚</td><td rowspan="5"></td><td rowspan="5"></td><td rowspan="5"></td><td rowspan="5"></td><td rowspan="5"></td><td rowspan="5"></td></tr>
<tr><td>B</td><td>口齿清楚、声音洪亮、对商品的特点或作用介绍正确、清楚</td></tr>
<tr><td>C</td><td>对商品的特点或作用介绍正确、清楚</td></tr>
<tr><td>D</td><td>对商品的特点或作用介绍得含糊不清</td></tr>
<tr><td>E</td><td>未答题</td></tr>
<tr><td rowspan="5">3</td><td rowspan="5">介绍商品的使用及保养方法</td><td rowspan="5">2</td><td>A</td><td>用普通话介绍、口齿清楚、声音洪亮、对商品的使用及保养方法介绍正确、清楚</td><td rowspan="5"></td><td rowspan="5"></td><td rowspan="5"></td><td rowspan="5"></td><td rowspan="5"></td><td rowspan="5"></td></tr>
<tr><td>B</td><td>口齿清楚、声音洪亮、对商品的使用及保养方法介绍正确、清楚</td></tr>
<tr><td>C</td><td>对商品的使用及保养方法介绍正确、清楚</td></tr>
<tr><td>D</td><td>对商品的使用及保养方法介绍有误</td></tr>
<tr><td>E</td><td>未答题</td></tr>
<tr><td rowspan="5">4</td><td rowspan="5">介绍商品的原料构成</td><td rowspan="5">2</td><td>A</td><td>用普通话介绍、口齿清楚、声音洪亮、对商品的原料构成介绍正确、清楚</td><td rowspan="5"></td><td rowspan="5"></td><td rowspan="5"></td><td rowspan="5"></td><td rowspan="5"></td><td rowspan="5"></td></tr>
<tr><td>B</td><td>口齿清楚、声音洪亮、对商品的原料构成介绍正确、清楚</td></tr>
<tr><td>C</td><td>对商品的原料构成介绍正确、清楚</td></tr>
<tr><td>D</td><td>对商品的原料构成介绍不正确</td></tr>
<tr><td>E</td><td>未答题</td></tr>
<tr><td colspan="2">合计配分</td><td>10</td><td colspan="7">合计得分</td><td></td></tr>
</table>

等级	A（优）	B（良）	C（及格）	D（较差）	E（差或未答题）
比值	1.0	0.8	0.6	0.2	0

“评价要素”得分＝配分×等级比值。

（2）参考答案

1）汽车蓄电池

①根据不同英文品牌说出它的中文品牌、原产地（由鉴定站所提供）。

例如：

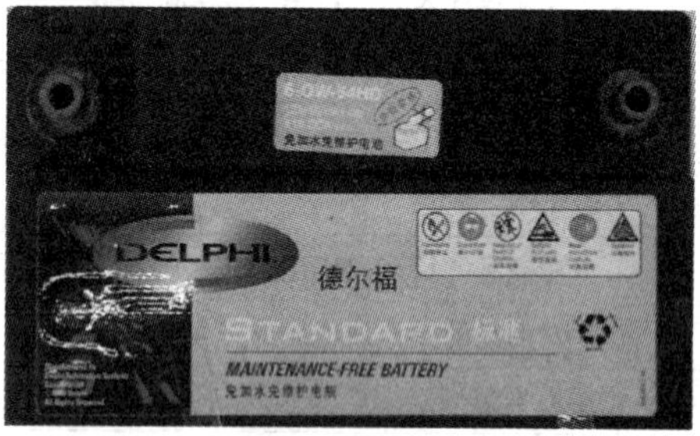

品牌：德尔福

原产地：德国

②蓄电池的特点：包装上 6 表示 12 V，Q 表示汽车用启动型，W 表示免维护的蓄电池，54 表示蓄电池的容量为 54 Ah。

③蓄电池的使用与保养方法

a. 使用：根据不同的车型使用不同型号的蓄电池，如 6-QW-54 可用于普桑、2000 型、3000 型、帕萨特等。

b. 保养：车辆在没有启动时，不要打开音响设备，否则会造成蓄电池缺电；每周检查一次透视孔，若透视孔为绿色说明蓄电池正常，若透视孔为黑色说明蓄电池需要充电，若透视孔为白色说明蓄电池需要更换。

④蓄电池的构成：显示密度计、聚丙烯外壳、电解液、钙板栅。

2）汽车滤清器

①滤清器原产地：根据不同英文品牌说出它的中文品牌、原产地（由鉴定站所提供）。

②滤清器的作用：空气滤清器用来滤清流向化油器的空气中所含的尘土，以减少汽缸、活塞、活塞环等有关零件的磨损，延长发动机的使用寿命；机油滤清器是防止机油中混入金属磨屑和其他机械杂质以及润滑油本身生成的胶质进入主油道的装置；汽油滤清器的作用是过滤燃油中的杂质，防止污物堵塞喷油器等精密零件。

③滤清器使用与保养方法：根据车型选用不同型号、规格的滤清器；在规定的公里数内

及时更换滤清器。

④滤清器的构成：滤清器大多数为纸质。

3）汽车润滑油

①润滑油原产地：根据不同英文品牌说出它的中文品牌、原产地（由鉴定站所提供）。

②润滑油的作用：减少零件的摩擦和磨损；清除摩擦表面的磨屑、尘砂、积碳等杂质；吸收摩擦面的热量，填充零件间隙，减少气体泄漏，帮助活塞环加强密封；减缓零件间冲击振动；降低工作噪声及防止零件表面生锈。

③润滑油使用与保养方法：API SL10W-40 中 API 表示美国石油协会；SL 表示机油的级别；10W-40 表示－10～40℃范围内使用。

④润滑油的构成：汽车润滑油是从石油中提炼出基础油，并在基础油中添加防腐剂、抗磨剂、添加剂等。

四、开发票（试题代码：2.4.1；规定用时：2 min）

1. 试题单

（1）操作条件

1）教室一间 $10m^2$ 左右。

2）发票样张、圆珠笔、计算器。

（2）操作内容

按所提供的开票内容，在发票样张上开一张普通发票。

今日销售给客户顾逸一箱壳牌特级喜力发动机润滑油，6 瓶/箱，每瓶 168 元；货号 3426875-J；规格为：API SL10W-40，4 L。请开一张普通发票。

（3）操作要求

填写正确，不得涂改。

2. 答题卷

按所提供的开票内容，在发票样张上开一张普通发票。

上海市商业统一发票

存　根　联　　　　沪Ⅳ（82）03—1×××

购货单位：________________　　　　年　　月　　日

货号	品名规格	计量单位	数量	单价（元）	金额						
					万	千	百	十	元	角	分
合计人民币（大写）											

企业（盖章有效）　　财务　　开单　　营业执照号

税务登记号

地址　　银行账号

3．评分表

评价要素	配分	得分
1．购货单位填写正确	2	
2．开票日期填写正确	2	
3．购货内容填写正确	6	
4．¥符号正确	2	
5．合计人民币大写正确	4	
6．合计人民币小写正确	2	
7．开单人填写正确	2	
合计	20	

售后服务

一、电话联系客户（试题代码：3.1.1；规定用时：2 min）

1．试题单

（1）操作条件

1）教室一间 10 m^2左右。

2）电话机 2 部。

3）广告宣传资料若干（具体资料在考试中提供）。

4）客户资料卡若干（具体资料在考试中提供）。

（2）操作内容

按所提供的客户资料卡及宣传简报，电话联系客户并加以记载。

（3）操作要求

1）电话联系客户礼仪礼节。

2）询问已购商品的使用情况。

3）向客户介绍本店铺的最新活动。

2. 评分表

<table>
<tr><td colspan="2">试题编号及名称</td><td colspan="3">3.1.1 电话联系客户</td><td colspan="3">鉴定时限</td><td colspan="3">2 min</td></tr>
<tr><td colspan="2" rowspan="2">评价要素</td><td rowspan="2">配分</td><td rowspan="2">等级</td><td rowspan="2">评分细则</td><td colspan="5">评定等级</td><td rowspan="2">得分</td></tr>
<tr><td>A</td><td>B</td><td>C</td><td>D</td><td>E</td></tr>
<tr><td rowspan="5">1</td><td rowspan="5">接听电话礼节</td><td rowspan="5">2</td><td>A</td><td>问好、自我介绍、口齿清晰、交流时间在 3～5 min、正确表达、有结束语、待对方放下话筒后再挂机</td><td rowspan="5"></td><td rowspan="5"></td><td rowspan="5"></td><td rowspan="5"></td><td rowspan="5"></td><td rowspan="5"></td></tr>
<tr><td>B</td><td>问好、自我介绍、口齿清晰、交流时间在 3～5 min、表达有误、有结束语、急于挂机</td></tr>
<tr><td>C</td><td>问好、自我介绍、口齿清晰、交流时间在 3 min以内、表达正确、有结束语、待对方放下话筒后再挂机</td></tr>
<tr><td>D</td><td>交流时间在 3～5 min、表达不清、无问好、无自我介绍与结束语</td></tr>
<tr><td>E</td><td>未答题</td></tr>
<tr><td rowspan="5">2</td><td rowspan="5">询问已购商品的使用情况</td><td rowspan="5">1</td><td>A</td><td>有询问、耐心回答问题</td><td rowspan="5"></td><td rowspan="5"></td><td rowspan="5"></td><td rowspan="5"></td><td rowspan="5"></td><td rowspan="5"></td></tr>
<tr><td>B</td><td>有询问、较耐心回答问题</td></tr>
<tr><td>C</td><td>有询问、回避回答问题</td></tr>
<tr><td>D</td><td>—</td></tr>
<tr><td>E</td><td>未答题</td></tr>
</table>

续表

试题编号及名称				3.1.1 电话联系客户	鉴定时限		2 min			
评价要素		配分	等级	评分细则	评定等级					得分
					A	B	C	D	E	
3	向客户介绍本店铺的最新活动	1	A	有介绍、介绍有吸引力						
			B	有介绍、介绍较有吸引力						
			C	有介绍						
			D	—						
			E	未答题						
4	记载在客户资料卡上	1	A	记载完整、字迹清楚						
			B	记载较完整、字迹较清楚						
			C	有记载						
			D	—						
			E	未答题						
合计配分		5	合计得分							

等级	A（优）	B（良）	C（及格）	D（较差）	E（差或未答题）
比值	1.0	0.8	0.6	0.2	0

“评价要素”得分＝配分×等级比值。

二、填写客户资料表（试题代码：3.2.1；规定用时：3 min）

1. 试题单

(1) 操作条件

1) 教室一间 10 m^2左右。

2) 客户资料卡。

3) 客户名片及客户购物情况记载单。

(2) 操作内容

按所提供的客户名片及客户购物情况填写客户资料卡。

顾一成　营业部副经理	
上海铭铭汽车装饰用品有限公司	
地址：上海真北路 1700 号	邮编：200333
手机：13080011088	传真：021-52781000
电话：021-52080000	开户行：上海浦发银行普陀支行
邮箱：11@163. com	账号：076343-4122123500
网址：www. mingming. com. cn	税号：31010670310000

2007 年 5 月 1 日第一次购买：一套桑塔纳 2000 型飞鹰牌刹车片，每套单价为 60 元；两根丰田佳美 2.0 KYB 前减震器，每根单价为 320 元。总货款 700 元，当场付款。

2007 年 6 月 24 日第二次购买：一套桑塔纳 3000 型飞鹰牌刹车片，每套单价为 80 元；一块丰田佳美前挡风玻璃，每块单价为 1 320 元。总货款 1 400 元，当场付款。

(3) 操作要求

填写正确。

2. 答题卷

按所提供的客户名片及客户购物情况填写客户资料卡。

客户资料卡

填表日期：　　年　　月　　日

<table>
<tr><td rowspan="10">消费者信息</td><td>消费者姓名</td><td></td><td>年龄</td><td></td><td>性别</td><td></td><td>职业</td><td></td></tr>
<tr><td>电话</td><td colspan="3"></td><td>BP</td><td colspan="3"></td></tr>
<tr><td>手机</td><td colspan="3"></td><td>电子邮件</td><td colspan="3"></td></tr>
<tr><td colspan="4">部门</td><td>传真</td><td colspan="3"></td></tr>
<tr><td colspan="4">公司名称：</td><td colspan="4">信用状况</td></tr>
<tr><td colspan="4">公司法人：</td><td colspan="4">银行账号：
开户行：</td></tr>
<tr><td colspan="8">公司经营范围：</td></tr>
<tr><td colspan="4">与我方建立关系日期：　　年　　月</td><td colspan="4">其他联系人：</td></tr>
<tr><td colspan="4" rowspan="2">详细地址：</td><td colspan="4">电话：</td></tr>
<tr><td colspan="4">邮编：</td></tr>
</table>

续表

交易记录	第一次：　　年　月　日	交货日期：　　年　月　日
	购物名称：	
	总货款：　　元	付款日期：　　年　月　日
	第二次：　　年　月　日	交货日期：　　年　月　日
	购物名称：	
	总货款：　　元	付款日期：　　年　月　日
	第三次：　　年　月　日	交货日期：　　年　月　日
	购物名称：	
	总货款：　　元	付款日期：　　年　月　日
联系记录	第一次：　　年　月　日	对方联系人：
	沟通内容及处理意见：	
	第二次：　　年　月　日	对方联系人：
	沟通内容及处理意见：	
	第三次：　　年　月　日	对方联系人：
	沟通内容及处理意见：	

3. 评分表及答案

（1）评分表

评价要素	配分	得分
1. 消费者信息	5	
2. 交易记录	5	
3. 沟通记录	5	
合计	15	

（2）评分细则

1）消费者信息（5分）：消费者姓名（1分），消费者电话、手机号（1分），公司名称（1分），公司银行账号（1分），信用状况（1分）。

2）交易记录（5分）：每次购物时间（1分），每次购物名称（2分），每次购物付款日期与总货款（2分）。

3）联系记录（5分）：沟通日期（1分），沟通联系人（1分），沟通内容及处理意见（3分）。

采购与保管

一、填写库存卡（试题代码：4.1.1；规定用时：3 min）

1. 试题单

(1) 操作条件

1) 教室一间 10 m^2左右。

2) 库存卡（答题卷）。

3) 商品记载单。

上海曹阳汽配有限公司于 2007 年 10 月 3 日第一次进货桑塔纳 2000 型飞鹰牌刹车片 10 套，10 月 5 日销售了 2 套，10 月 20 日第二次又进了相同型号 3 套。

(2) 操作内容

按所给商品记载单正确填写库存卡。

(3) 操作要求

填写正确。

2. 答题卷

按所给商品记载单正确填写库存卡。

库存卡

类别____________名称____________编号____________

规格____________单位____________分号____________

年		凭证		摘要	收入数量	发出数量	结存数量	保管人签章
月	日	种类	号数					

3. 评分表

评价要素	配分	得分
1. 类别	1.5	
2. 名称	1.5	
3. 单位	1.5	
4. 年份	1.5	
5. 摘要	1.5	
6. 收入数量	1.5	
7. 发出数量	1.5	
8. 结存数量	1.5	
9. 保管人签章	1.5	
10. 有无涂改	1.5	
合计	15	

二、消防安全（试题代码：4.2.1；规定用时：2 min）

1. 试题单

（1）操作条件

1）标准教室一间。

2）灭火器 3 种、消防安全标志牌 8 张。

(2) 操作内容

1) 随机从 3 种灭火器中抽 1 种说出其特点及使用场合。

2) 说出 8 张标志牌中的 3 张。

(3) 操作要求

在规定时间内完成。

2. 评分表及答案

(1) 评分表

试题编号及名称		4.2.1 消防安全			鉴定时限		2 min			
评价要素		配分	等级	评分细则	评定等级					得分
					A	B	C	D	E	
1	消防安全	5	A	全部回答正确						
			B	灭火器能识别，说出一个标志						
			C	灭火器识别及标志认知有部分错误						
			D	灭火器识别及标志认知都有错误						
			E	未答题						
合计配分		5	合计得分							

等级	A（优）	B（良）	C（及格）	D（较差）	E（差或未答题）
比值	1.0	0.8	0.6	0.2	0

“评价要素”得分＝配分×等级比值。

(2) 参考答案

1) 灭火器

①二氧化碳灭火器：用来扑灭图书、档案、贵重设备、精密仪器、600 V 以下电气设备及油类的初起火灾。使用时，不能直接用手抓住喇叭筒外壁或金属连接管，防止手被冻伤。

②干粉灭火器：可扑灭一般火灾，还可扑灭油、气等燃烧引起的火灾。

③泡沫灭火器：用于扑救一般固体物质火灾外，还能扑救油类等可燃液体火灾，但不能

扑救带电设备和醇、酮、酯、醚等有机溶剂引起的火灾。

2）标志牌

禁止吸烟

禁止烟火

注意安全

禁止放易燃物

当心火灾

当心爆炸

当心有毒

当心触电

三、出入库管理（试题代码：4.3.1；规定用时：2 min）

1. 试题单

（1）操作条件

1）教室一间 10 m^2左右。

2）案例（具体案例在考试中提供）。

3）收货单。

（2）操作内容

按所提供的出入库案例回答问题或填写收货单。

（3）操作要求

填写正确。

2. 答题卷

按所提供的出入库案例回答问题或填写收货单。

收货单

供货单位＿＿＿＿＿合同号码＿＿＿＿＿开单日期＿＿＿＿＿＿储存仓库＿＿＿

储存凭证或发票号码＿＿＿＿＿原订交货月份＿＿年＿＿月＿＿日　桩脚号码＿＿＿＿

<table>
<tr><td>货号、品名、规格、牌号</td><td>国别产地</td><td>包装及件数</td><td>单位</td><td>应收数</td><td>实收数</td><td>单价</td><td>实收数金额</td></tr>
<tr><td></td><td></td><td></td><td></td><td></td><td></td><td></td><td></td></tr>
<tr><td></td><td></td><td></td><td></td><td></td><td></td><td></td><td></td></tr>
<tr><td></td><td></td><td></td><td></td><td></td><td></td><td></td><td></td></tr>
<tr><td rowspan="2">到车站（港）
日期：
年　月　日</td><td rowspan="2">提运情况</td><td colspan="2">提运员：
运输工具：</td><td colspan="2">起运地点：
车船号：</td><td rowspan="2">备注</td><td>出厂日期：
年　月　日</td></tr>
<tr><td colspan="2">接运、进仓、送货日期：
年　月　日</td><td colspan="2">提货单号：</td><td>储存期限：
年　月　日</td></tr>
</table>

仓库主管　　　　点验员　　　　复核　　　　制单

3. 评分表

评价要素	配分	得分
1. 日期、制单	1	
2. 供货单位、合同号码	1	
3. 货号、品名、规格、牌号及国别产地	1	
4. 应收数、实收数、单位、单价	1	
5. 实收数金额	1	
合计	5	

第5部分
理论知识考试模拟试卷及答案

汽车配件销售员（五级）理论知识试卷

注 意 事 项

1. 考试时间：90 min。
2. 请首先按要求在试卷的标封处填写您的姓名、准考证号和所在单位的名称。
3. 请仔细阅读各种题目的回答要求，在规定的位置填写您的答案。
4. 不要在试卷上乱写乱画，不要在标封区填写无关的内容。

	一	二	总分
得分			

得分	
评分人	

一、判断题（第1题～第60题。将判断结果填入括号中。正确的填“√”，错误的填“×”。每题0.5分，满分30分）

1. 职业道德教育是一种终身教育。 （ ）

2. 在社会主义市场经济条件下，是否能做到爱岗敬业，取决于从业者是否满意于自己的职业。 （ ）

3. 已签发的现金支票遗失，可以向银行申请挂失，挂失前已经支付的，银行不予受理。（　）

4. 已经开具的发票存根联和登记簿在保存期满后，报税务机关后就可销毁。（　）

5. 劳动法的基本原则可概括为公民享有劳动权利和义务原则。（　）

6. 劳动合同的期限分为固定期限和无固定期限两种。（　）

7. 产品质量法所称的产品是指经过加工、制作用于销售或者自用的产品。（　）

8. 消费者在选购商品时应当小心谨慎，发生人身损害与销售者无关。（　）

9. 我国的消防工作由国务院领导，由地方武警消防部队负责。（　）

10. 灭液体火灾时，不要对液面冲击，以防液体溅出造成灭火困难。（　）

11. 游标卡尺是一种中等精度测量的量具。（　）

12. 铸铁属于黑色金属。（　）

13. 可以用普通齿轮油代替双曲线齿轮油来使用。（　）

14. 矿油型制动液和醇型制动液一样不需要更换耐油橡胶制品。（　）

15. 中国第一汽车集团于1960年成立。（　）

16. 轿车的主参数代号是发动机排量（L）。（　）

17. 车用汽油机一般都由五大机构和二大系统组成。（　）

18. 汽车发动机配气机构的作用是有规律地开启和关闭各汽缸的进、排气门，使新鲜混合气及时地进入汽缸，而废气得以及时地排出汽缸。（　）

19. 机油滤清器有粗滤器和细滤器两种。（　）

20. 汽车转向系的功用是改变或恢复汽车的行驶方向。（　）

21. 电压调节器能对蓄电池输出的不稳定电压加以调节，使车用电气设备得到较稳定的电压。（　）

22. 汽车的组合仪表为组合件，需整个更换。（　）

23. 商品陈列强调的是商品，并使顾客方便购买。（　）

24. 在门店营业前，营业员的工作准备就是对商品的准备。（　）

25. 营业员送别顾客，其基本要求是亲切自然、用语恰当，但在繁忙的情况下，可以不予理会。（　）

26. 人际交往包括两方面，一方面是以利益为基础的个性交往，另一方面是以情感为基础的角色关系。（ ）

27. 信函咨询优点是信息反馈迅速，有利于双方的交流与沟通。（ ）

28. 如果投诉要求不能成立，接待人员也不能以婉转的方式回绝客户。（ ）

29. 销售员在购销汽车配件或用品时，会经常碰到一些口头契约，这在合同法中属于口头形式合同。（ ）

30. 保持与客户的经常性联系，对于汽车配件销售员来说，是无任何实际价值的工作。（ ）

31. 总结客户的要求，这不但有助于汽车配件销售员确定自己的销售思路，也给客户提供了一个纠正的机会。（ ）

32. 柜组核算常采用“售价金额核算、实物负责制”的方法。（ ）

33. 在汽车运行中，自然老化、失效和到期必须更换的零件属于易损件。（ ）

34. 在汽车一定的运行周期中，必须更换的零件属于维修零件。（ ）

35. 肇事件是指汽车肇事时易损坏的零件。（ ）

36. 日常维护的目的主要是维持车辆的车容和车况，使车辆处于完整和完好状况，以保证正常运行。（ ）

37. 二级车辆维护时，必须消除作业中发现的故障和隐患。（ ）

38. 车辆上的灯泡、制动摩擦片、三滤、轮胎等易损件的质量担保期都很短，在正常损耗范围内可以索赔。（ ）

39. 汽车质量保修申请单上的“盖章”栏，应盖保修业务章。（ ）

40. 无生产许可证的厂家生产的产品不一定是假冒伪劣产品。（ ）

41. 看配件表面有无锈蚀、配件的防护表层是否完好是检查汽车配件质量的方法之一。（ ）

42. 商品入库业务涉及供应商、承运商、保险公司、收货单位等当事人的权利和义务关系。（ ）

43. 对任何入库来说，对货物进行初检均是关键环节。（ ）

44. 验收的业务程序可分为验收准备和实物验收两个步骤。（ ）

45. 核对供货单位提供的验收凭证，包括质量保证书、装箱单、码单、说明书、保修卡、合格证等。（　）

46. 配件出厂时的各种凭证和技术资料是重要的配件商品档案资料。（　）

47. 配件仓储中的质量检查，就是检查配件的技术证件是否齐全，证物是否相符。（　）

48. 汽车配件仓储检查中发现的问题主要有：商品有变质迹象或发生变质；对超过保管期或没超过保管期，但质量要求不能继续存放；已破损及数量有出入等情况。（　）

49. 汽车配件出库应贯彻“先进先出、储陈推新”“单据手续齐全”“节约用料”的原则。（　）

50. 对企业内部仓库的出库凭证常用的有送货单和退货单。（　）

51. 商品分区、分类的管理方法，大致有按商品种类和性质、按商品发往地区、按商品作业的方便三种。（　）

52. 按商品危险性质对汽配商品进行分区分类，它主要适用于特种仓库，如油漆仓库等。（　）

53. 汽车配件仓库应按库房、货棚、货场分别给予顺序编号。（　）

54. 仓库货位号的书写方法，在同一个企业的仓库必须一致。保管员、记账员必须使用仓库统编的货位号，对号收发货。（　）

55. 为便于机械化操作，机电产品、仪器等物品该打捆的须打捆。（　）

56. 商品堆码采用“五五化”，使码成“十”的倍数，便于记数和发货。（　）

57. 商品盘点就是清查库存账与实存数是否相符，有无溢缺或规格互串。（　）

58. 盘点就是每月一次的盘点。（　）

59. 临时盘点又称为突击性盘点。（　）

60. 盘点结果处理业务就是报盈亏业务处理。（　）

得分	
评分人	

二、单项选择题（第 1 题～第 70 题。选择一个正确的答案，将相应的字母填入题内的括号中。每题 1 分，满分 70 分）

1. 职业道德不仅是从业人员在职业活动中的行为标准和要求，而且是本行业对社会所承担的（　　）和义务。

A. 道德责任　　B. 道德习惯　　C. 道德主体　　D. 道德品行

2. 在汽配企业里只有做到明码实价、童叟无欺，才能赢得客户的（　　）。

A. 信任　　B. 赞美　　C. 不满　　D. 购买欲望

3. 同一城镇内各单位之间发生经济往来而要求办理的转账结算，称为（　　）。

A. 异地结算　　B. 同城结算　　C. 现金结算　　D. 转账结算

4. （　　）基本联次为三联：第一联为存根联，第二联为发票联，第三联为记账联。

A. 服务业发票　　B. 普通商业发票

C. 增值税专用发票　　D. 运输发票

5. 已经开具的发票存根联和登记簿在保存期满后，需报（　　）查验后方可销毁。

A. 企业领导　　B. 财务主管　　C. 税务机构　　D. 代理银行

6. 邮包收据也属于（　　）。

A. 商业发票　　B. 收据　　C. 税票　　D. 运输发票

7. 劳动者必须具备劳动能力，即身体健康，具有劳动岗位对（　　）的要求。

A. 智力、技能、体力　　B. 技能、体力、学历

C. 体力、素质、智力　　D. 能力、学历、体力

8. （　　）不是劳动合同文本应当载明的事项。

A. 劳动者的居民身份证号码　　B. 婚姻状况

C. 劳动报酬　　D. 法定代表人

9. 在（　　）的情况下，用人单位可以解除劳动合同。

A. 某员工不能胜任工作，经过培训和调整岗位仍不能胜任工作，4 月 1 日人事经理对该员工说：“休完劳动节假期，到公司人事部办理解除劳动合同的手续。”

B. 员工患病在医疗期内

C. 女职工怀孕不能坚持正常上班

D. 员工严重失职、营私舞弊，造成公司重大损失

10. 汽车轮胎的制造商在产品上必须标明（　　）。

A. 建议零售价　　B. 质量投诉电话

C. 产品用途　　D. 产品规格

11. （　　）是指消费者在有偿获得商品或接受服务时所应得到的正当权利。

A. 消费者权利　　B. 消费者权益　　C. 消费者义务　　D. 消费者利益

12. 经营者对商品明码标价，这是经营者（　　）的义务。

A. 提供真实信息　　B. 标识真实

C. 出具凭证　　D. 接受监督

13. 对因参加扑救火灾受伤、致残或者死亡的人员，按照国家有关规定给予（　　）。

A. 医疗　　B. 抚恤　　C. 医疗和抚恤　　D. 表彰

14. 资料显示，在火场丧生的80%的人是由于（　　）而死。

A. 吸入毒雾　　B. 窒息　　C. 跳楼　　D. 吸入毒雾或者窒息

15. 根据我国标准，排在第一类的危险品是（　　）。

A. 放射性物品　　B. 爆炸类物品　　C. 易燃物品　　D. 腐蚀品

16. 发动机活塞尺寸 $\phi 100^{+0.015}_{-0.045}$ mm，表示活塞的最大极限尺寸是（　　）mm。

A. 100　　B. 100.015　　C. 99.995　　D. 0.060

17. 汽车上常用的有色金属有（　　）、铝合金和轴承合金。

A. 镍　　B. 铅　　C. 铜　　D. 钛

18. 寒区和严寒区的柴油汽车和拖拉机应选用（　　）号柴油机油。

A. 14　　B. 16　　C. 20　　D. 30

19. 用于高速、大功率、重负荷和制动频繁的刹车油是（　　）。

A. 甘油型　　B. 复合型　　C. 矿油型　　D. 合成型

20. 进入大气的（　　）破坏地球的臭氧保护层。

A. R134a　　B. 氟利昂　　C. 甲烷　　D. 天然气

21. 中国第一汽车集团公司主要车型有奥迪、（　　）、捷达、高尔夫、红旗等。

A. 波罗　　B. 赛欧　　C. 飞度　　D. 宝来

22. 汽车满载时的总质量称为（　　）质量。

A. 整车装备　　B. 最大总　　C. 最大装载　　D. 装载

23. 车辆识别代码的第一部分代表（　　）的识别代号。

A. 世界制造厂　　B. 车辆特征

C. 车辆生产年份　　D. 车辆装配厂

24. 汽车内燃机型号后部结构特征中的 F 表示（　　）。

A. 水冷　　B. 风冷　　C. 凝汽冷却　　D. 增压

25. 发动机配气机构的气门弹簧属（　　）。

A. 易损件　　B. 易耗件　　C. 维修零件　　D. 基础件

26. 发动机冷却系由散热器、（　　）、百叶窗、水泵、连接水管等组成。

A. 水压控制器　　B. 节温器　　C. 温度控制器　　D. 节温表

27. 变速器的使用寿命一般在（　　）km 以上。

A. 2 500　　B. 25×10^3　　C. 25×10^4　　D. 25×10^5

28. 行车制动装置广泛采用液压制动或（　　）制动。

A. 气压　　B. 手　　C. 脚　　D. 电控

29. （　　）对发电机输出的不稳定电压加以调节，使车用电气设备得到较稳定的电压。

A. 电流调节器　　B. 电压调节器　　C. 发动机　　D. 蓄电池

30. 电喇叭按外形分为（　　）、螺旋形和盆形三种。

A. 长筒形　　B. 方形　　C. 椭圆形　　D. 锥形

31. 简单商品流通的形式是商品转化为货币，再从货币转化为商品，即（　　）。

A. G—W—G’　　B. W—G—W’　　C. G—W—W’　　D. W—G—G’

32. （　　）是将体积大而笨重的、无法摆上货架或柜台的商品，在营业场的地面上设置陈列。

A. 橱窗陈列　　B. 架顶陈列　　C. 壁挂陈列　　D. 平地陈列

33. 在门店营业前，营业员的准备工作是围绕（　　）进行的。

A. 商品摆放　　B. 货架摆放　　C. 商品销售　　D. 迎接顾客

34. 汽配零售商店的收款方式主要有货款合一、货款分责和（　　）。

A. 人工售货人工结算　　B. 人工售货自行结算

C. 自动售货人工结算　　D. 自动售货自行结算

35. 顾客购买心理过程的八个阶段可以归纳为（　　）。

A. 注意→兴趣→欲望→联想→比较思考→信念→行动→满足

B. 注意→兴趣→联想→比较思考→欲望→信念→行动→满足

C. 注意→兴趣→联想→欲望→比较思考→信念→行动→满足

D. 注意→兴趣→联想→欲望→比较思考→信念→满足→行动

36. 客人走进商场门口时，营业员先向客人道一声（　　），再行鞠躬礼。

A. “谢谢您”　　B. “欢迎光临”　　C. “您久等了”　　D. “明白了”

37. （　　）不是销售员在售货过程中的咨询服务方式中的一种。

A. 现场咨询　　B. 电话咨询　　C. 信函咨询　　D. 上门咨询

38. 制定专门的投诉制度，确定投诉的范围与专职人员来管理与处理客户投诉，这是处理客户投诉时的（　　）原则。

A. 留档分析　　B. 有章可循　　C. 及时处理　　D. 分清责任

39. 客户与销售人员讨价还价的异议称为（　　）分歧。

A. 价格　　B. 商品　　C. 时间　　D. 服务

40. 购销合同的内容由当事人约定，（　　）不是其主要条款。

A. 产品形状　　B. 标的　　C. 数量　　D. 质量

41. 通过对柜组经济核算的分析提出积极建议，从而提高柜组与个人的（　　）。

A. 经济效益　　B. 社会效益　　C. 奖励比例　　D. 团结精神

42. 对于异地结算的客户，以办完（　　）为准来填写汽车配件销货日报表中的年、月、日。

A. 委托银行收款手续之日　　B. 开出发票之日

C. 对方银行拨款之日　　D. 对方拨款之日

43. 与客户保持经常联系，这是为企业（　　）作准备。

A. 将来的交易　　B. 保持关系　　C. 扩大客户群　　D. 社会地位

44. 客户的（　　）必须记录在其档案内容里。

A. 购物内容　　B. 家庭状况
C. 付款情况　　D. 购物内容与付款情况

45. 在汽车运行中，自然磨损而失效的零件属于（　　）。
A. 消耗件　　B. 易损件　　C. 维修零件　　D. 肇事件

46. 在汽车使用全寿命内不允许损坏的零件属于（　　）。
A. 基础件　　B. 肇事件　　C. 保安件　　D. 标准件

47. 我国现行的汽车维修制度规定，车辆维修必须贯彻预防为主、定期检测、（　　）、视情修理的原则。
A. 计划维护　　B. 强制维护　　C. 自愿维护　　D. 定期维护

48. 汽车维修的（　　）维护，作业项目较多，需占用车辆一定的运行时间。
A. 日常　　B. 一级与二级　　C. 一级　　D. 二级

49. （　　）工作不属于需申请的质量保修项目。
A. 车辆的安全件的维修　　B. 油漆和覆盖件的维修
C. 超过 8 h 的维修（如更换汽缸盖）　　D. 更换轮胎

50. 对多年多批进货，并经使用未发现质量问题产品的供货单位，可采用（　　）方法进行货源鉴别。
A. 抽检几项关键项目　　B. 免检
C. 对个别技术项目全检　　D. 对所有技术项目全检

51. 汽车配件厂家向批发企业开出的销货凭证一般一式（　　）联。
A. 三　　B. 五　　C. 七　　D. 八

52. 货物初检不包括以下（　　）内容。
A. 大件数　　B. 货物规格数量情况
C. 外表质量受损情况　　D. 霉变、锈蚀和受潮情况

53. 接收汽车配件前的验收准备，包括货位、（　　）、工具及人员的准备。
A. 验收设备　　B. 发票　　C. 资金　　D. 货卡

54. 在整理、核实、查对配件入库验收的单证时，如果发现证件不齐或不符等情况，要与（　　）和有关业务部门及时联系解决。

A. 货主、提供单位、承运单位　　B. 货主

C. 提供单位　　D. 承运单位

55. 汽车配件常用的验收方法有点验数量、品种验收和（　　）。

A. 审核单证　　B. 实物验收　　C. 质量验收　　D. 验收准备

56. 必须经常和定期地对仓库里的配件进行查质量、查数量、查保管条件、查计量工具、查（　　）等全面的检查。

A. 用途　　B. 安全　　C. 货卡　　D. 资金

57. 检查保管条件是否与各种商品的保管要求相符合，属于（　　）检查。

A. 质量　　B. 数量　　C. 计量工具　　D. 保管条件

58. 汽车配件商品出入库管理制度的基本内容主要有：（　　）、入库验收与登记作业要求、领用与归还及出库作业要求。

A. 设置专人管理　　B. 个人负责

C. 委托管理　　D. 兼管

59. 配件出库的凭证手续既要符合（　　），又要力求简便易行。

A. 制度上的严密性　　B. 制度上的人性化

C. 制度上的系统性　　D. 制度上的协调性

60. 如发现出库凭证有问题，必须经（　　）重开或更正盖章方为有效。

A. 原开证单位　　B. 代开证单位　　C. 单位领导　　D. 主管领导

61. 大多数仓库采用按（　　）方法进行分区分类储存。

A. 商品发往地区　　B. 商品种类和性质

C. 商品危险性质　　D. 商品作业的方便

62. 一个单位经营的商品，只要性质相近，有消费连带关系，尽量要（　　）储存。

A. 同类　　B. 同区　　C. 分区　　D. 分类

63. 汽配仓储货场编号可以按进入仓库正门前进的方向，一般采用（　　）的顺序排列。

A. 自右至左　　B. 自左至右　　C. 左单右双　　D. 右单左双

64. 汽配仓库的苫，是指在（　　）上加上遮盖物。

A. 货垛　　B. 商品　　C. 货架　　D. 货卡

65. 货棚内堆码，垛底一般垫高（　　）cm，四周必须排水畅通。

A. 10　　B. 10～20　　C. 20～40　　D. 10 以下

66. 货物堆码技术要求中，（　　）是指堆码货物不得超出有效面积范围，其重量不得超过地坪最大承压能力，高度不得超出可用高度。

A. 合理　　B. 定量　　C. 整齐　　D. 节省

67. （　　）是保证储存货物达到账、货、卡完全相符的重要措施之一。

A. 商品堆垛　　B. 商品盘点　　C. 商品检查　　D. 商品归档

68. 对每天出动的货垛，在发货后随即查点结存数，这是日常盘点的（　　）。

A. 动态复核　　B. 静态复核　　C. 连续复核　　D. 永续复核

69. 按照商品入库先后顺序，不论是否发生过进出业务，都要有计划地循环进行盘点，方法是（　　）。

A. 定期盘点　　B. 循环盘点　　C. 临时盘点　　D. 重点盘点

70. （　　）、捆扎包装错误、盘点工作计数的错误等都是使盘点结果发生盈亏的常见原因。

A. 商品入库登账卡时看错数字　　B. 商品入库未做登账卡

C. 商品未入库　　D. 商品特性发生挥发

汽车配件销售员（五级）理论知识试卷答案

一、判断题（第 1 题～第 60 题。将判断结果填入括号中。正确的填“√”，错误的填“×”。每题 0.5 分，满分 30 分）

1. √	2. ×	3. √	4. ×	5. ×	6. ×	7. ×	8. ×	9. ×
10. √	11. √	12. √	13. ×	14. ×	15. ×	16. √	17. ×	18. √
19. √	20. √	21. ×	22. ×	23. √	24. ×	25. ×	26. ×	27. ×
28. ×	29. √	30. ×	31. √	32. √	33. ×	34. √	35. √	36. √
37. √	38. ×	39. √	40. ×	41. √	42. √	43. √	44. ×	45. √
46. √	47. ×	48. √	49. ×	50. ×	51. ×	52. √	53. √	54. √
55. ×	56. ×	57. ×	58. ×	59. √	60. ×			

二、单项选择题（第 1 题～第 70 题。选择一个正确的答案，将相应的字母填入题内的括号中。每题 1 分，满分 70 分）

1. A	2. A	3. B	4. B	5. C	6. D	7. A	8. B	9. D
10. D	11. B	12. A	13. C	14. D	15. B	16. B	17. C	18. A
19. D	20. B	21. D	22. B	23. A	24. B	25. A	26. B	27. C
28. A	29. B	30. A	31. B	32. D	33. C	34. D	35. C	36. B
37. D	38. B	39. A	40. A	41. A	42. A	43. A	44. D	45. B
46. C	47. B	48. D	49. D	50. A	51. D	52. B	53. A	54. A
55. C	56. B	57. D	58. A	59. A	60. A	61. B	62. B	63. C
64. A	65. C	66. B	67. B	68. A	69. B	70. A		

第6部分

操作技能考核模拟试卷

注 意 事 项

1. 考生根据操作技能考核通知单中所列的试题做好考核准备。

2. 请考生仔细阅读试题单中具体考核内容和要求，并按要求完成操作或进行笔答或口答，若有笔答请考生在答题卷上完成。

3. 操作技能考核时要遵守考场纪律，服从考场管理人员指挥，以保证考核安全顺利进行。

注：操作技能鉴定试题评分表及答案是考评员对考生考核过程及考核结果的评分记录表，也是评分依据。

国家职业资格鉴定

汽车配件销售员（五级）操作技能考核通知单

姓名：

准考证号：

考核日期：

试题 1

试题代码：1.1.1。

试题名称：选择汽车发动机类的配件。

鉴定时限：3 min。

配分：10 分。

试题 2

试题代码：1.3.1。

试题名称：汽车轮胎识别。

鉴定时限：2 min。

配分：10 分。

试题 3

试题代码：2.1.1。

试题名称：售前准备。

鉴定时限：1 min。

配分：5 分。

试题 4、试题 5

试题代码：2.2.1，2.3.1。

试题名称：客户接待、商品介绍。

鉴定时限：2 min。

配分：5 分、10 分。

试题 6

试题代码：2.4.1。

试题名称：开发票。

鉴定时限：2 min。

配分：20 分。

试题 7

试题代码：3.1.1。

试题名称：电话联系客户。

鉴定时限：2 min。

配分：5 分。

试题 8

试题代码：3.2.1。

试题名称：填写客户资料卡。

鉴定时限：3 min。

配分：15 分。

试题 9

试题代码：4.1.1。

试题名称：填写库存卡。

鉴定时限：3 min。

配分：15 分。

试题 10

试题代码：4.2.1。

试题名称：消防安全。

鉴定时限：2 min。

配分：5 分。

汽车配件销售员（五级）操作技能鉴定

试　题　单

试题代码：1.1.1。

试题名称：选择汽车发动机类的配件。

鉴定时限：3 min。

1. 操作条件

（1）标准教室一间。

（2）汽车配件图片 24 张。

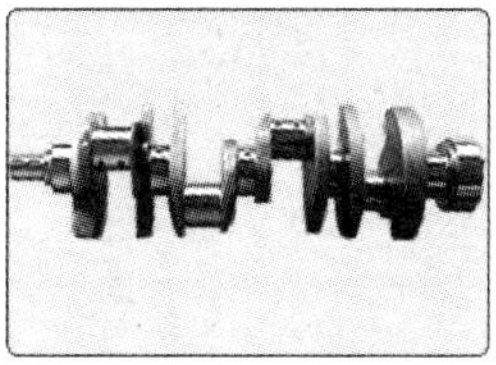

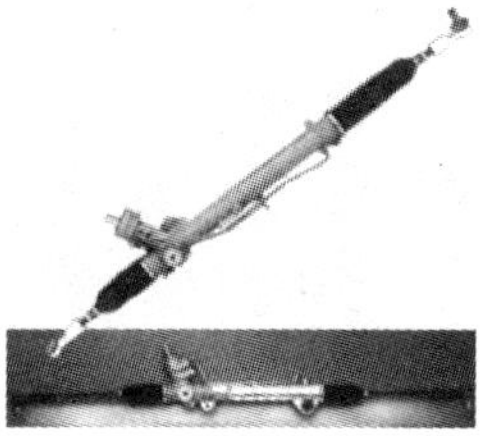

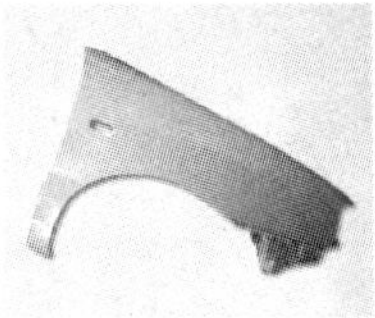

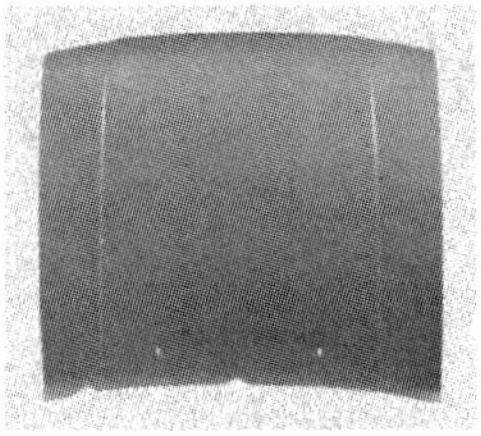
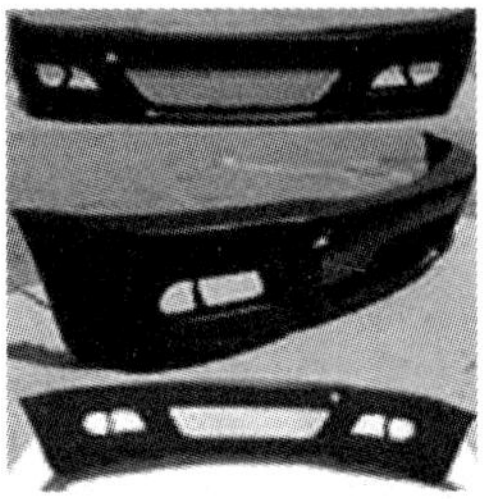

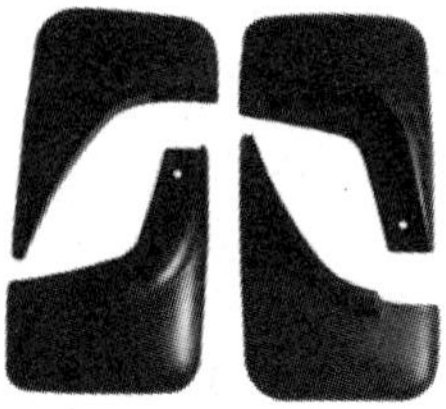

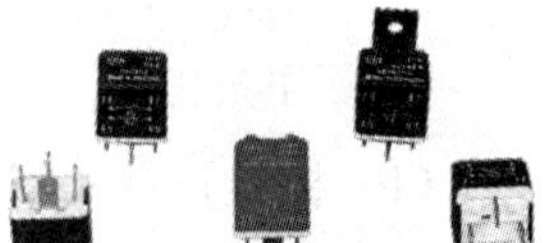

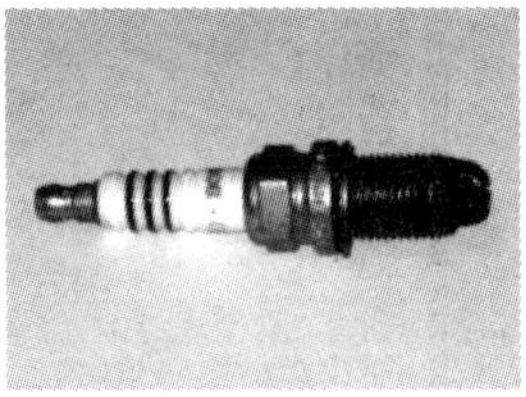

2. 操作内容

（1）从 24 张配件图片中选出发动机类的图片。

（2）说出所选配件图片的名称。

3. 操作要求

在规定时间内完成。

汽车配件销售员（五级）操作技能鉴定

试题评分表及答案

试题编号及名称		1.1.1　选择汽车发动机类的配件			鉴定时限			3 min		
评价要素		配分	等级	评分细则	评定等级					得分
					A	B	C	D	E	
1	选择正确	10	A	选对 6 张并正确说出名称						
			B	选对 5 张并正确说出名称						
			C	选对 4 张并正确说出名称						
			D	选对 3 张或 3 张以下						
			E	未答题						
合计配分		10	合计得分							

考评员（签名）：

等级	A（优）	B（良）	C（及格）	D（较差）	E（差或未答题）
比值	1.0	0.8	0.6	0.2	0

“评价要素”得分＝配分×等级比值。

参考答案：

进气歧管

活塞环

连杆

气门

曲轴

活塞

汽车配件销售员（五级）操作技能鉴定

试 题 单

试题代码：1.3.1。

试题名称：汽车轮胎识别。

鉴定时限：2 min。

1. 操作条件

（1）标准教室一间。

（2）汽车轮胎实物5条。

2. 操作内容

随机从5条轮胎中抽1条说出名称、产地及规格。

3. 操作要求

在规定时间内完成。

汽车配件销售员（五级）操作技能鉴定

试题评分表及答案

试题编号及名称		1.3.1　汽车轮胎识别			鉴定时限			2 min		
评价要素		配分	等级	评分细则	评定等级					得分
					A	B	C	D	E	
1	汽车轮胎识别	10	A	全部回答正确						
			B	回答错误部分较少						
			C	回答错误部分较多						
			D	回答错误多						
			E	未答题						
合计配分		10	合计得分							

考评员（签名）：

等级	A（优）	B（良）	C（及格）	D（较差）	E（差或未答题）
比值	1.0	0.8	0.6	0.2	0

"评价要素"得分＝配分×等级比值。

参考答案：

185/60R14 82H
中国大连

185 表示轮胎胎面宽度（mm）；60 表示扁平比；R 表示子午线结构；14 表示钢圈直径或轮胎内径；82 表示载重系数；H 表示速度等级。

汽车配件销售员（五级）操作技能鉴定

试　题　单

试题代码：2.1.1。

试题名称：售前准备。

鉴定时限：1 min。

1. 操作条件

（1）标准教室一间。

（2）三层立式货架一个。

（3）商品及其他用品。

序号	名称	规格	单位	数量	备注
1	货架	三层立式货架	只	1	
2	蓄电池	德尔福、瓦尔塔	只	各 1	
3	润滑油	壳牌特级喜力、美孚 1 号	瓶	各 2	
4	滤清器	富士空气滤清器、机油滤清器、汽油滤清器	只	各 1	
5	计价用品	计算器、圆珠笔、复写纸、发票本		各 1	

2. 操作内容

（1）整理货架上陈列的商品。

（2）检查、清理货架及周边环境的卫生。

3. 操作要求

（1）货品整理要求：分类清楚、排列整齐、货品标价牌清晰。

（2）货架整洁无灰尘、无杂物。

（3）个人仪容仪表整洁、佩戴营业员标志。

汽车配件销售员（五级）操作技能鉴定

试题评分表及答案

<table>
<tr><td colspan="2">试题编号及名称</td><td colspan="3">2.1.1　售前准备</td><td colspan="3">鉴定时限</td><td colspan="3">1 min</td></tr>
<tr><td colspan="2" rowspan="2">评价要素</td><td rowspan="2">配分</td><td rowspan="2">等级</td><td rowspan="2">评分细则</td><td colspan="5">评定等级</td><td rowspan="2">得分</td></tr>
<tr><td>A</td><td>B</td><td>C</td><td>D</td><td>E</td></tr>
<tr><td rowspan="5">1</td><td rowspan="5">整理货架上陈列的商品</td><td rowspan="5">2</td><td>A</td><td>商品与商品标识对应无误</td><td rowspan="5"></td><td rowspan="5"></td><td rowspan="5"></td><td rowspan="5"></td><td rowspan="5"></td><td rowspan="5"></td></tr>
<tr><td>B</td><td>商品与商品标识个别有误</td></tr>
<tr><td>C</td><td>商品与商品标识2个以上有误</td></tr>
<tr><td>D</td><td>商品与商品标识完全不对应</td></tr>
<tr><td>E</td><td>未答题</td></tr>
<tr><td rowspan="5">2</td><td rowspan="5">检查、清理货架及周边环境的卫生</td><td rowspan="5">1</td><td>A</td><td>商品陈列整洁有序、货架整洁无灰尘、无杂物</td><td rowspan="5"></td><td rowspan="5"></td><td rowspan="5"></td><td rowspan="5"></td><td rowspan="5"></td><td rowspan="5"></td></tr>
<tr><td>B</td><td>商品陈列整洁、货架无灰尘</td></tr>
<tr><td>C</td><td>商品陈列整洁</td></tr>
<tr><td>D</td><td>商品陈列无序、货架有灰尘或杂物</td></tr>
<tr><td>E</td><td>未答题</td></tr>
<tr><td rowspan="5">3</td><td rowspan="5">个人仪容仪表检查</td><td rowspan="5">2</td><td>A</td><td>个人仪容仪表整洁，佩戴营业员标志</td><td rowspan="5"></td><td rowspan="5"></td><td rowspan="5"></td><td rowspan="5"></td><td rowspan="5"></td><td rowspan="5"></td></tr>
<tr><td>B</td><td>个人仪容仪表整洁，未佩戴营业员标志</td></tr>
<tr><td>C</td><td>个人仪容仪表基本整洁，佩戴营业员标志</td></tr>
<tr><td>D</td><td>个人仪容仪表不整洁，未佩戴营业员标志</td></tr>
<tr><td>E</td><td>未答题</td></tr>
<tr><td colspan="2">合计配分</td><td>5</td><td colspan="7">合计得分</td><td></td></tr>
</table>

考评员（签名）：

等级	A（优）	B（良）	C（及格）	D（较差）	E（差或未答题）
比值	1.0	0.8	0.6	0.2	0

“评价要素”得分＝配分×等级比值。

汽车配件销售员（五级）操作技能鉴定

试　题　单

试题代码：2.2.1。

试题名称：客户接待。

鉴定时限：2.2.1 客户接待、2.3.1 商品介绍合并考核，共计 2 min。

1. 操作条件

（1）标准教室一间。

（2）货架。

（3）商品及其他用品。

序号	名称	规格	单位	数量	备注
1	货架	三层立式货架	只	1	
2	蓄电池	德尔福、瓦尔塔	只	各 1	
3	润滑油	壳牌特级喜力、美孚 1 号	瓶	各 2	
4	滤清器	富士空气滤清器、机油滤清器、汽油滤清器	只	各 1	
5	计价用品	计算器、圆珠笔、复写纸、发票本		各 1	

2. 操作内容

（1）迎接客户。

（2）展示与介绍商品。

（3）开票与收款。

（4）递交商品与道别。

3. 操作要求

（1）站在合适的位置上，有良好的站姿。

（2）介绍产品实事求是，态度和气，语言准确。

（3）唱收唱付。

（4）主动递交商品、示意告别。

汽车配件销售员（五级）操作技能鉴定

试题评分表及答案

<table>
<tr><td colspan="2">试题编号及名称</td><td colspan="3">2.2.1　接待客户</td><td colspan="2">鉴定时限</td><td colspan="4"></td></tr>
<tr><td colspan="2" rowspan="2">评价要素</td><td rowspan="2">配分</td><td rowspan="2">等级</td><td rowspan="2">评分细则</td><td colspan="5">评定等级</td><td rowspan="2">得分</td></tr>
<tr><td>A</td><td>B</td><td>C</td><td>D</td><td>E</td></tr>
<tr><td rowspan="5">1</td><td rowspan="5">站在合适的位置上，有良好的站姿</td><td rowspan="5">1</td><td>A</td><td>站的位置合理，站姿符合要求</td><td rowspan="5"></td><td rowspan="5"></td><td rowspan="5"></td><td rowspan="5"></td><td rowspan="5"></td><td rowspan="5"></td></tr>
<tr><td>B</td><td>站的位置合理，站姿基本符合要求</td></tr>
<tr><td>C</td><td>站的位置基本合理，站姿基本符合要求</td></tr>
<tr><td>D</td><td>站的位置不合适，站姿不符合要求</td></tr>
<tr><td>E</td><td>未答题</td></tr>
<tr><td rowspan="5">2</td><td rowspan="5">介绍产品实事求是，态度和气，语言准确</td><td rowspan="5">2</td><td>A</td><td>产品介绍熟练，态度和气，使用普通话交流</td><td rowspan="5"></td><td rowspan="5"></td><td rowspan="5"></td><td rowspan="5"></td><td rowspan="5"></td><td rowspan="5"></td></tr>
<tr><td>B</td><td>产品介绍熟练，态度和气</td></tr>
<tr><td>C</td><td>产品介绍部分错误，态度和气，没有使用普通话交流</td></tr>
<tr><td>D</td><td>产品介绍错误，态度冷淡</td></tr>
<tr><td>E</td><td>未答题</td></tr>
<tr><td rowspan="5">3</td><td rowspan="5">唱收唱付</td><td rowspan="5">1</td><td>A</td><td>声音洪亮，态度和蔼，报价正确</td><td rowspan="5"></td><td rowspan="5"></td><td rowspan="5"></td><td rowspan="5"></td><td rowspan="5"></td><td rowspan="5"></td></tr>
<tr><td>B</td><td>声音小，态度和蔼，报价正确</td></tr>
<tr><td>C</td><td>声音小，态度和蔼，报价部分正确</td></tr>
<tr><td>D</td><td>声音小，语言刻薄，报价错误</td></tr>
<tr><td>E</td><td>未答题</td></tr>
<tr><td rowspan="5">4</td><td rowspan="5">主动递交商品、示意告别</td><td rowspan="5">1</td><td>A</td><td>态度和蔼，主动递交商品及票单，告别词明确</td><td rowspan="5"></td><td rowspan="5"></td><td rowspan="5"></td><td rowspan="5"></td><td rowspan="5"></td><td rowspan="5"></td></tr>
<tr><td>B</td><td>态度和蔼，经提醒递交商品及票单，告别词明确</td></tr>
<tr><td>C</td><td>态度和蔼，经提醒递交商品及票单，告别词使用不当</td></tr>
<tr><td>D</td><td>态度冷淡，经提醒递交商品及票单，没有示意告别</td></tr>
<tr><td>E</td><td>未答题</td></tr>
<tr><td colspan="2">合计配分</td><td>5</td><td colspan="7">合计得分</td><td></td></tr>
</table>

考评员（签名）：

等级	A（优）	B（良）	C（及格）	D（较差）	E（差或未答题）
比值	1.0	0.8	0.6	0.2	0

“评价要素”得分＝配分×等级比值。

汽车配件销售员（五级）操作技能鉴定

试　题　单

试题代码：2.3.1。

试题名称：商品介绍。

鉴定时限：2.2.1客户接待、2.3.1商品介绍合并考核，共计2 min。

1. 操作条件

（1）标准教室一间。

（2）三层直立式货架一只。

（3）商品。

序号	名称	规格	单位	数量	备注
1	蓄电池	6-WQ-54	只	1	
2	蓄电池	6-WQ--65	只	1	
3	润滑油	API SL10W-40	瓶	1	
4	润滑油	API SM5W-30	瓶	1	
5	滤清器	空气滤清器	只	1	
6	滤清器	机油滤清器	只	1	
7	滤清器	汽油滤清器	只	1	

2. 操作内容

（1）对蓄电池的名称、产地、标识等内容进行介绍。

（2）对润滑油的名称、产地、标识等内容进行介绍。

（3）对三种不同的滤清器进行介绍。

3. 操作要求

（1）用普通话介绍商品，声音洪亮、口齿清楚。

（2）对商品介绍准确、无误。

汽车配件销售员（五级）操作技能鉴定

试题评分表及答案

试题编号及名称		2.3.1　商品介绍			鉴定时限					
评价要素		配分	等级	评分细则	评定等级					得分
					A	B	C	D	E	
1	介绍商品品牌及原产地	4	A	用普通话介绍、口齿清楚、声音洪亮、对商品的品牌、原产地介绍正确						
			B	口齿清楚、声音洪亮、对商品的品牌、原产地介绍正确						
			C	对商品的品牌、原产地介绍正确						
			D	对商品的品牌、原产地介绍不正确						
			E	未答题						
2	介绍商品特点或作用	2	A	用普通话介绍、口齿清楚、声音洪亮、对商品的特点或作用介绍正确、清楚						
			B	口齿清楚、声音洪亮、对商品的特点或作用介绍正确、清楚						
			C	对商品的特点或作用介绍正确、清楚						
			D	对商品的特点或作用介绍得含糊不清						
			E	未答题						
3	介绍商品的使用及保养方法	2	A	用普通话介绍、口齿清楚、声音洪亮、对商品的使用及保养方法介绍正确、清楚						
			B	口齿清楚、声音洪亮、对商品的使用及保养方法介绍正确、清楚						
			C	对商品的使用及保养方法介绍正确、清楚						
			D	对商品的使用及保养方法介绍有误						
			E	未答题						

续表

试题编号及名称		2.3.1　商品介绍			鉴定时限					
评价要素		配分	等级	评分细则	评定等级					得分
					A	B	C	D	E	
4	介绍商品的原料构成	2	A	用普通话介绍、口齿清楚、声音洪亮、对商品的原料构成介绍正确、清楚						
			B	口齿清楚、声音洪亮、对商品的原料构成介绍正确、清楚						
			C	对商品的原料构成介绍正确、清楚						
			D	对商品的原料构成介绍不正确						
			E	未答题						
合计配分		10	合计得分							

考评员（签名）：

等级	A（优）	B（良）	C（及格）	D（较差）	E（差或未答题）
比值	1.0	0.8	0.6	0.2	0

“评价要素”得分＝配分×等级比值。

参考答案：

1. 汽车蓄电池

（1）根据不同英文品牌说出它的中文品牌、原产地（由鉴定站所提供）。

例如：

品牌：德尔福

原产地：德国

（2）蓄电池的特点：包装上 6 表示 12 V，Q 表示汽车用启动型，W 表示免维护的蓄电池，54 表示蓄电池的容量为 54 Ah。

（3）蓄电池的使用与保养方法

1）使用：根据不同的车型使用不同型号的蓄电池，如 6-QW-54 可用于普通桑塔纳、桑塔纳 2000 型、桑塔纳 3000 型、帕萨特等。

2）保养：车辆在没有启动时，不要打开音响设备，否则会造成蓄电池缺电；每周检查一次透视孔，若透视孔为绿色说明蓄电池正常，若透视孔为黑色说明蓄电池需要充电，若透视孔为白色说明蓄电池需要更换。

（4）蓄电池的构成：显示密度计、聚丙烯外壳、电解液、钙板栅。

2. 汽车滤清器

（1）滤清器原产地：根据不同英文品牌说出它的中文品牌、原产地（由鉴定站所提供）。

（2）滤清器的作用：空气滤清器用来滤清流向化油器的空气中所含的尘土，以减少汽缸、活塞、活塞环等有关零件的磨损，延长发动机的使用寿命；机油滤清器是防止机油中混入金属磨屑和其他机械杂质以及润滑油本身生成的胶质进入主油道的装置；汽油滤清器的作用是过滤燃油中的杂质，防止污物堵塞喷油器等精密零件。

（3）滤清器使用与保养方法：根据车型选用不同型号、规格的滤清器；在规定的公里数内及时更换滤清器。

（4）滤清器的构成：滤清器大多数为纸质。

3. 汽车润滑油

（1）润滑油原产地：根据不同英文品牌说出它的中文品牌、原产地（由鉴定站所提供）。

（2）润滑油的作用：减少零件的摩擦和磨损；清除摩擦表面的磨屑、尘砂、积炭等杂质；吸收摩擦面的热量，填充零件间隙，减少气体泄漏，帮助活塞环加强密封；减缓零件间冲击振动；降低工作噪声及防止零件表面生锈。

（3）润滑油使用与保养方法：API SL10W-40 中 API 表示美国石油协会；SL 表示机油的级别；10W-40 表示－10～40℃范围内使用。

（4）润滑油的构成：汽车润滑油是从石油中提炼出基础油，并在基础油中添加防腐剂、抗磨剂、添加剂等。

汽车配件销售员（五级）操作技能鉴定

试　题　单

试题代码：2.4.1。

试题名称：开发票。

鉴定时限：2 min。

1. 操作条件

(1) 教室一间 10 m^2左右。

(2) 发票样张、圆珠笔、计算器。

2. 操作内容

按提供的开票内容，在发票样张上开一张普通发票。

今日销售给客户顾逸一箱壳牌特级喜力发动机润滑油，6 瓶/箱，每瓶 168 元；货号 3426875-J；规格为：API SL10W-40，4 L。请开一张普通发票。

3. 操作要求

填写正确，不得涂改。

汽车配件销售员（五级）操作技能鉴定

答　题　卷

试题代码：2.4.1。

试题名称：开发票。

鉴定时限：2 min。

按所提供的开票内容，开一张普通发票。

上海市商业统一发票

<u>存　根　联</u>　　　　沪Ⅳ（82）03-1×××

购货单位：________　　　　年　　月　　日

<table>
<tr><td rowspan="2">货号</td><td rowspan="2">品名规格</td><td rowspan="2">计量单位</td><td rowspan="2">数量</td><td rowspan="2">单价
（元）</td><td colspan="7">金额</td></tr>
<tr><td>万</td><td>千</td><td>百</td><td>十</td><td>元</td><td>角</td><td>分</td></tr>
<tr><td></td><td></td><td></td><td></td><td></td><td></td><td></td><td></td><td></td><td></td><td></td><td></td></tr>
<tr><td></td><td></td><td></td><td></td><td></td><td></td><td></td><td></td><td></td><td></td><td></td><td></td></tr>
<tr><td></td><td></td><td></td><td></td><td></td><td></td><td></td><td></td><td></td><td></td><td></td><td></td></tr>
<tr><td></td><td></td><td></td><td></td><td></td><td></td><td></td><td></td><td></td><td></td><td></td><td></td></tr>
<tr><td colspan="5">合计人民币
（大写）</td><td></td><td></td><td></td><td></td><td></td><td></td><td></td></tr>
</table>

企业（盖章有效）　　财务　　开单　　营业执照号

税务登记号

地址　　银行账号

汽车配件销售员（五级）操作技能鉴定

试题评分表及答案

评价要素	配分	得分
1. 购货单位填写正确	2	
2. 开票日期填写正确	2	
3. 购货内容填写正确	6	
4. ¥符号正确	2	
5. 合计人民币大写正确	4	
6. 合计人民币小写正确	2	
7. 开单人填写正确	2	
合计	20	

汽车配件销售员（五级）操作技能鉴定

试　题　单

试题代码：3.1.1。

试题名称：电话联系客户。

鉴定时限：2 min。

1. 操作条件

（1）教室一间 10 m^2 左右。

（2）电话机 2 部。

（3）广告宣传资料若干（具体资料在考试中提供）。

（4）客户资料卡若干（具体资料在考试中提供）。

2. 操作内容

按所提供的客户资料卡及宣传简报，电话联系客户并加以记载。

3. 操作要求

（1）电话联系客户礼仪礼节。

（2）询问已购商品的使用情况。

（3）向客户介绍本店铺的最新活动。

汽车配件销售员（五级）操作技能鉴定

试题评分表及答案

试题编号及名称		3.1.1　电话联系客户			鉴定时限		2 min			
评价要素		配分	等级	评分细则	评定等级					得分
					A	B	C	D	E	
1	接听电话礼节	2	A	问好、自我介绍、口齿清晰、交流时间在 3～5 min、正确表达、有结束语、待对方放下话筒后再挂机						
			B	问好、自我介绍、口齿清晰、交流时间在 3～5 min、表达有误、有结束语、急于挂机						
			C	问好、自我介绍、口齿清晰、交流时间在 3 min 以内、表达正确、有结束语、待对方放下话筒后再挂机						
			D	交流时间在 3～5 min、表达不清、无问好、无自我介绍与结束语						
			E	未答题						
2	询问已购商品的使用情况	1	A	有询问、耐心回答问题						
			B	有询问、较耐心回答问题						
			C	有询问、回避回答问题						
			D	—						
			E	未答题						
3	向客户介绍本店铺的最新活动	1	A	有介绍、介绍有吸引力						
			B	有介绍、介绍较有吸引力						
			C	有介绍						
			D	—						
			E	未答题						

续表

试题编号及名称		3.1.1　电话联系客户			鉴定时限		2 min			
评价要素	配分	等级	评分细则	评定等级					得分	
				A	B	C	D	E		
4	记载在客户资料卡上	1	A	记载完整、字迹清楚						
			B	记载较完整、字迹较清楚						
			C	有记载						
			D	—						
			E	未答题						
合计配分		5	合计得分							

考评员（签名）：

等级	A（优）	B（良）	C（及格）	D（较差）	E（差或未答题）
比值	1.0	0.8	0.6	0.2	0

“评价要素”得分＝配分×等级比值。

汽车配件销售员（五级）操作技能鉴定

试　题　单

试题代码：3.2.1。

试题名称：填写客户资料卡。

鉴定时限：3 min。

1. 操作条件

（1）教室一间10 m^2左右。

（2）客户资料卡。

（3）客户名片及客户购物情况记载单。

2. 操作内容

按所提供的客户名片及客户购物情况填写客户资料卡。

顾一成　营业部副经理	
上海铭铭汽车装饰用品有限公司	
地址：上海真北路1700号	邮编：200333
手机：13080011088	传真：021-52781000
电话：021-52080000	开户行：上海浦发银行普陀支行
邮箱：11@163. com	账号：076343-4122123500
网址：www. mingming. com. cn	税号：31010670310000

2007年5月1日第一次购买：一套桑塔纳2000型飞鹰牌刹车片，每套单价为60元；两根丰田佳美2.0 KYB前减震器，每根单价为320元。总货款700元，当场付款。

2007年6月24日第二次购买：一套桑塔纳3000型飞鹰牌刹车片，每套单价为80元；一块丰田佳美前挡风玻璃，每块单价为1 320元。总货款1 400元，当场付款。

3. 操作要求

填写正确。

汽车配件销售员（五级）操作技能鉴定

答　题　卷

试题代码：3.2.1。

试题名称：填写客户资料卡。

鉴定时限：3 min。

准考证号：

按所提供的客户名片及客户购物记载单，填写客户资料卡。

客户资料卡

填表日期：　　年　　月　　日

<table>
<tr><td rowspan="10">消费者信息</td><td>消费者姓名</td><td></td><td>年龄</td><td></td><td>性别</td><td></td><td>职业</td><td></td></tr>
<tr><td>电话</td><td colspan="3"></td><td>BP</td><td colspan="3"></td></tr>
<tr><td>手机</td><td colspan="3"></td><td>电子邮件</td><td colspan="3"></td></tr>
<tr><td colspan="4">部门</td><td>传真</td><td colspan="3"></td></tr>
<tr><td colspan="4">公司名称：</td><td colspan="4">信用状况</td></tr>
<tr><td colspan="4">公司法人：</td><td colspan="4">银行账号：
开户行：</td></tr>
<tr><td colspan="8">公司经营范围：</td></tr>
<tr><td colspan="4">与我方建立关系日期：　　年　　月</td><td colspan="4">其他联系人：</td></tr>
<tr><td colspan="4" rowspan="2">详细地址：</td><td colspan="4">电话：</td></tr>
<tr><td colspan="4">邮编：</td></tr>
<tr><td rowspan="9">交易记录</td><td colspan="4">第一次：　　年　　月　　日</td><td colspan="4">交货日期：　　年　　月　　日</td></tr>
<tr><td colspan="8">购物名称：</td></tr>
<tr><td colspan="4">总货款：　　元</td><td colspan="4">付款日期：　　年　　月　　日</td></tr>
<tr><td colspan="4">第二次：　　年　　月　　日</td><td colspan="4">交货日期：　　年　　月　　日</td></tr>
<tr><td colspan="8">购物名称：</td></tr>
<tr><td colspan="4">总货款：　　元</td><td colspan="4">付款日期：　　年　　月　　日</td></tr>
<tr><td colspan="4">第三次：　　年　　月　　日</td><td colspan="4">交货日期：　　年　　月　　日</td></tr>
<tr><td colspan="8">购物名称：</td></tr>
<tr><td colspan="4">总货款：　　元</td><td colspan="4">付款日期：　　年　　月　　日</td></tr>
</table>

续表

联系记录	第一次： 年 月 日	对方联系人：
	沟通内容及处理意见：	
	第二次： 年 月 日	对方联系人：
	沟通内容及处理意见：	
	第三次： 年 月 日	对方联系人：
	沟通内容及处理意见：	

汽车配件销售员（五级）操作技能鉴定

试题评分表及答案

评分表：

评价要素	配分	得分
1. 消费者信息	5	
2. 交易记录	5	
3. 沟通记录	5	
合计	15	

评分细则：

1. 消费者信息（5分）：消费者姓名（1分），消费者电话、手机号（1分），公司名称（1分），公司银行账号（1分），信用状况（1分）。

2. 交易记录（5分）：每次购物时间（1分）；每次购物名称（2分）；每次购物付款日期与总货款（2分）。

3. 沟通记录（5分）：沟通日期（1分）；沟通联系人（1分）；沟通内容及处理意见（3分）。

汽车配件销售员（五级）操作技能鉴定

试　题　单

试题代码：4.1.1。

试题名称：填写库存卡。

鉴定时限：3 min。

1. 操作条件

（1）教室一间 10 m^2左右。

（2）库存卡（答题卷）。

（3）商品记载单

上海曹阳汽配有限公司于 2007 年 10 月 3 日第一次进货桑塔纳 2000 型飞鹰牌刹车片 10 套，10 月 5 日销售了 2 套，10 月 20 日第二次又进了相同型号 3 套。

2. 操作内容

按所给题目正确填写库存卡。

3. 操作要求

填写正确。

汽车配件销售员（五级）操作技能鉴定

答 题 卷

试题代码：4.1.1。

试题名称：填写库存卡。

鉴定时限：5 min。

准考证号：

按所给商品记载单正确填写库存卡。

库存卡

类别＿＿＿＿＿＿名称＿＿＿＿＿＿编号＿＿＿＿＿＿

规格＿＿＿＿＿＿单位＿＿＿＿＿＿分号＿＿＿＿＿＿

年		凭证		摘要	收入数量	发出数量	结存数量	保管人签章
月	日	种类	号数					

汽车配件销售员（五级）操作技能鉴定

试题评分表及答案

评价要素	配分	得分
1. 类别	1.5	
2. 名称	1.5	
3. 单位	1.5	
4. 年份	1.5	
5. 摘要	1.5	
6. 收入数量	1.5	
7. 发出数量	1.5	
8. 结存数量	1.5	
9. 保管人签章	1.5	
10. 有无涂改	1.5	
合计	15	

汽车配件销售员（五级）操作技能鉴定

试 题 单

试题代码：4.2.1。

试题名称：消防安全。

鉴定时限：2 min。

1. 操作条件

（1）标准教室一间。

（2）灭火器 3 种、消防安全标志牌 8 张。

2. 操作内容

（1）随机从 3 种灭火器中抽 1 种说出其特点及使用场合。

（2）说出 8 张标志牌中的 3 张。

3. 操作要求

在规定时间内完成。

汽车配件销售员（五级）操作技能鉴定

试题评分表及答案

试题编号及名称		4.2.1　消防安全			鉴定时限		2 min			
评价要素		配分	等级	评分细则	评定等级					得分
					A	B	C	D	E	
1	消防安全	5	A	全部回答正确						
			B	灭火器能识别，说出一个标志						
			C	灭火器识别及标志认知有部分错误						
			D	灭火器识别及标志认知都有错误						
			E	未答题						
合计配分		5	合计得分							

考评员（签名）：

等级	A（优）	B（良）	C（及格）	D（较差）	E（差或未答题）
比值	1.0	0.8	0.6	0.2	0

“评价要素”得分＝配分×等级比值。

参考答案：

1. 灭火器

（1）二氧化碳灭火器：用来扑灭图书、档案、贵重设备、精密仪器、600 V以下电气设备及油类的初起火灾。使用时，不能直接用手抓住喇叭筒外壁或金属连接管，防止手被冻伤。

（2）干粉灭火器：可扑灭一般火灾，还可扑灭油、气等燃烧引起的火灾。

（3）泡沫灭火器：用于扑救一般固体物质火灾外，还能扑救油类等可燃液体火灾，但不能扑救带电设备和醇、酮、酯、醚等有机溶剂引起的火灾。

2. 标志牌

禁止吸烟

禁止烟火

注意安全

禁止放易燃物

当心火灾

当心爆炸

当心有毒

当心触电